O amigo JESUS

O amigo Jesus
Copyright© Intelítera Editora

Editores: *Luiz Saegusa* e *Claudia Zaneti Saegusa*
Direção Editorial: *Claudia Zaneti Saegusa*
Capa: *Thamara Fraga*
Finalização da Capa: *Casa de Ideias*
Projeto Gráfico e Diagramação: *Casa de Ideias*
Revisão: *Rosemarie Giudilli*
Finalização: *Mauro Bufano*
6ª Edição: *2024*
Impressão: *Lis Gráfica e Editora*

Rua Lucrécia Maciel, 39 – Vila Guarani
CEP 04314-130 – São Paulo – SP
11 2369-5377
intelitera.com.br - facebook.com/intelitera

Dados Internacionais de Catalogação na Publicação (CIP)
(Câmara Brasileira do Livro, SP, Brasil)

De Lucca, José Carlos
O amigo Jesus / José Carlos De Lucca. --
1. ed. -- São Paulo : Intelítera Editora, 2014.

Bibliografia

1. Espiritismo 2. Jesus Cristo - Ensinamentos
3. Jesus Cristo - Interpretações espíritas
I. Título.

14-10178   CDD-133.901

Índices para catálogo sistemático:
1. Jesus Cristo : Doutrina espírita   133.901

ISBN: 978-85-63808-32-5

O autor cedeu os direitos autorais deste livro ao
CVV - Centro de Valorização da Vida
CNPJ 61.956.496/0001-66
Estrada Dr. Bezerra de Menezes, 700
Parque Interlagos, São José dos Campos/SP
CEP 12.229-380

Jesus Cristo não nos abandona... De tempos em tempos, envia os seus Mensageiros à Terra. Ele mesmo continua conosco. Ele nos conhece pelo nome, sabe quem somos e quais são os nossos propósitos. Não consigo imaginar, por exemplo, Jesus habitando uma região espiritual isolada do sofrimento humano. Ele não ia querer deixar-nos assim, entregues à nossa própria indigência. O Senhor não está fora do mundo! Cada criatura poderá senti-Lo próximo de si... Agora mesmo, o seu espírito nos observa, na expectativa de que a nossa fé não passe de meras palavras...

Chico Xavier[1]

---

[1] *O Evangelho de Chico Xavier*, Carlos A. Baccelli, DIDIER.

Sumário

Prefácio 11

Meus amigos 16

Estou à sua espera 24

Escolha a melhor parte 32

Coma do meu pão 40

Sinta a minha compaixão 50

Hoje preciso ficar em sua casa 62

Agora é vida nova 74

Minha religião é o amor 86

Vim abençoar a sua casa 98

Quero entrar no seu barco 108

Eu preciso de você 120

Vigiem comigo 134
Vim tirá-lo da cruz 144
Chamo por seu nome 156
Referências Bíblicas citadas neste livro 167

Prefácio

Há um tempo de semear. Há um tempo de colher. Há um tempo de aprender e experimentar. E finalmente, vem o tempo de decidir e se qualificar para a nova era que há de chegar.

Os tempos anunciados de separação do joio e do trigo chegaram. Não há mais como protelar nossas decisões pela transformação moral. Sim, sim ou não, não. E não há outras alternativas para essa decisão.

Há muita dor nesse tempo. São muitas as razões. Mas, praticamente podem ser resumidas pela colheita de espinhos como resultado da semeadura da indiferença e do egoísmo.

Há muita esperança também nesse tempo. Finalmente, "o bom combate" que muitos enfrentaram e tantos outros continuam pelejando fará a diferença nesse momento. Vencer, talvez, nem seja mais possível. Há que se ter a "boa vontade" de levantar e continuar. É o tempo da indulgência, do perdão, da caridade.

E porque as trevas se desesperam e os orgulhosos se confundem, há muita gritaria, confusão e obsessão.

É o tempo de decidir e a uma só voz ouvir, sentir e seguir Jesus.

Há pouco tempo, em 2007, nas comemorações de 150 anos do Espiritismo, Bezerra de Menezes convocou-nos a fazer como os setenta da Galileia fizeram: anunciar que o Cristo está na Terra para a glória do espírito imortal. Isso, José Carlos De Lucca tem feito há um bom tempo. Mas ele foi além. Encontrou-O e está nos ajudando a ouvi-Lo.

Segui-Lo é o nosso desafio na condição de trabalhadores da última hora.

Jether Jacomini Filho
Diretor de Programação da Rede Boa Nova de Rádio.

*

Eu sou o caminho.[2]

[2] João 14, 6

Bondoso amigo Jesus. Por quantos caminhos equivocados eu andei até encontrá-lo! Meus pés estão cansados de tanto andar sem nada encontrar. Mas, hoje, a sua estrada se abriu para mim. E sei que preciso agora percorrê-la, e o farei com alegria, pois sei que você estará ao meu lado.

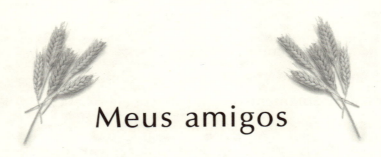

Meus amigos

EU NÃO CHAMO MAIS VOCÊS DE EMPREGADOS, POIS O EMPREGADO NÃO SABE O QUE O SEU PATRÃO FAZ; MAS CHAMO VOCÊS DE AMIGOS, POIS TENHO DITO A VOCÊS TUDO O QUE OUVI DO MEU PAI. NÃO FORAM VOCÊS QUE ME ESCOLHERAM; PELO CONTRÁRIO, FUI EU QUE OS ESCOLHI, PARA QUE VÃO E DEEM FRUTO E QUE ESSE FRUTO NÃO SE PERCA.

Evangelho de Jesus segundo João[3]

Meu propósito com este livro é destacar uma face de Jesus nem sempre lembrada pelas doutrinas religiosas: o seu aspecto humano. Sem querer negar o lado divino de Jesus (aqui entendido não como a encarnação do próprio Deus, mas como o ser mais evoluído espiritualmente que já esteve na Terra), desejo mostrar o quanto os aspectos humanos presentes em

---

[3] João 15, 15-16.

Jesus também desempenham um papel fundamental na compreensão da sua missão, dos seus ensinamentos e da forma pela qual ele deseja se relacionar com as pessoas.

Jesus somente poderá ser aceito como o modelo e guia da humanidade a partir da compreensão de que ele passou por todas as vicissitudes e necessidades humanas: sentiu fome e sede, chorou, teve medo, experimentou terríveis dores físicas, teve momentos de tristeza e de alegria e foi tentado pelas forças do mal. Tudo o que nós sentimos Jesus também sentiu! E ele superou todas as barreiras humanas pela força da sua vontade inquebrantável de realizar a missão que Deus lhe confiou e pelo amor às criaturas humanas que, ontem, como hoje, ainda sofrem porque não amam.

Todas as dores e necessidades humanas, Jesus as sentiu em seu grau máximo. Mas Jesus não foi derrotado, não saiu vencido das lutas que enfrentou. Quando todos pensaram que a cruz havia liquidado o Nazareno, eis que ele ressurge, em espírito, aos seus discípulos e amigos, comprovando a vitória da vida sobre a morte, e, a partir de então, a sua mensagem se espalhou pelo mundo e vem, até hoje, convidando os homens a uma nova ordem de valores e atitudes, em que o amor representa a única via que nos resta experimentar para a libertação de nossos problemas individuais e coletivos.

Sim, o amor é a última saída que nos resta! Todas as outras já tentamos – a violência, a guerra, o desprezo, a separação e o orgulho, todas filhas do egoísmo, e não encontramos nem a felicidade individual, muito menos a paz entre os homens e as nações. O amor é a porta que Jesus abriu e pela qual entrou, para que os homens fizessem o mesmo. É a única porta que pode nos salvar dos sofrimentos que temos experimentado até hoje, porque todo o progresso científico e tecnológico alcançado, muito embora tenha trazido conforto e bem-estar, não foi capaz de fazer o homem feliz.

Essa porta está aberta, e Jesus se encontra à frente dela, nos chamando. E não faz isso na condição de um pregador do fim do mundo ou de um moralista religioso, lançando condenações e temor. Ele nos chama na condição de amigo! Sim, foi essa a condição que ele mesmo se deu: *eu chamo vocês de amigos...* São palavras dele!

É assim que ele vê a você e a mim: como amigo. Aqui está, segundo acredito, um dos mais importantes aspectos humanos de Jesus, pois a amizade é uma relação de apreço, estima e ternura entre as pessoas, uma relação baseada em sentimentos superiores, e não apenas em instintos.

O primeiro e mais importante interesse que Jesus tem em relação a nós é o de se tornar nosso amigo. Ele nos procura não porque deseja aumentar o número de seus seguidores, não nos procura porque apenas deseja ver os templos cristãos repletos de fiéis. Ele nos procura, simplesmente, porque é nosso amigo e, por isso, tem estima, apreço e ternura por nós! O maior presente que Jesus nos dá é a sua amizade, pois, a partir dela, nos identificamos com alguém que nos aceita, que tem afeição por nós, que está aberto para dialogar conosco, sem pedras na mão. Desse diálogo amigo, Jesus pode indicar caminhos que nos ajudem a superar os desafios da existência e viver em harmonia com nossos irmãos, através de um relacionamento amoroso com Deus.

A primeira e maior preocupação de Jesus é com as pessoas. Por isso, faz-se amigo delas, muito diferentemente de alguns líderes religiosos que, a pretexto de pregarem a palavra de Deus, distanciam-se das pessoas, como se fossem "deuses" que não podem se misturar com a "impureza" dos homens. Cristo andou ao lado de prostitutas, comeu com os pecadores, conviveu com os leprosos, elegeu para seus discípulos homens simples, do povo, e chamou a todos de amigos. Esse Jesus, porém, não está morto, não é apenas uma figura histórica. Ele continua com o mesmo desejo de ser nosso amigo e caminhar ao nosso lado, principalmente quando nossos pés estiverem cansados e nossos passos, equivocados. Ele é o amigo de todas as horas, principalmente das horas difíceis e das noites escuras.

E é Ele quem chega, de forma mansa e suave, chega nessa hora grave de nossa vida, para nos dizer, com toda a ternura do seu coração...

Meu bom amigo! Estou aqui!

Eu olho para você agora, e vejo o quanto você é maravilhoso!

Eu não estou aqui para contar e recriminar os seus pecados. Eu quero falar da sua santidade!

Também não estou aqui com pedras na mão para proclamar que você é um espírito imperfeito. Não! Eu quero falar que você é um espírito santo!

Não estou aqui para pedir que você se torne uma pessoa boa. Quero apenas que você viva a bondade que já existe em seu coração. Todo o mal que cometemos decorre do esquecimento de que somos filhos de Deus para vivermos em paz, alegria e fraternidade.

Quando você estiver chorando, creia que eu estarei ao seu lado, sentindo toda a sua dor e enxugando o seu pranto. Eu guardo um lenço com seu nome inscrito em letras douradas.

Quando estiver em dúvida de como agir, saiba que estarei orando para que você escolha o melhor caminho, e, se, por acaso, ainda hesitar, aconselhe-se com o amor, e veja o que ele o inspira a fazer.

E, se, em algum momento, você se sentir sozinho e abandonado, lembre-se de mim e da nossa amizade, pois por você eu já dei a minha vida uma vez, e não hesitaria em fazer isso de novo, se tanto for preciso para vê-lo bem e feliz!

Eu sou a vida.[4]

[4] João 14, 6.

Mestre amigo. Você é a vida porque você é o amor, o amor mais puro que eu já senti. Quando eu menos merecia, você me amou mais ainda. Quando eu estava caído, você me levantou das cinzas. Você nunca se cansou de mim, por mais teimoso que eu tenha sido em aceitá-lo como meu grande amigo. Mas, hoje, quero mudar isso, quero que saiba que farei todo o esforço para também ser seu amigo!

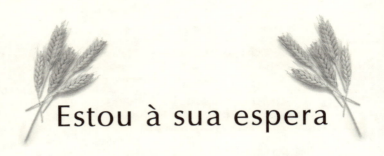

Estou à sua espera

VINDE A MIM TODOS OS CANSADOS E SOBRECARREGADOS, E EU VOS DAREI DESCANSO.

Evangelho de Jesus segundo Mateus[5]

Há momentos em nossa vida em que o peso dos problemas se torna um fardo difícil de carregar. O desânimo diante de obstáculos que nos parecem intransponíveis faz com que nossa alma se canse de continuar lutando. O amigo Jesus conhece muito bem essas ocasiões em que nos sentimos esmagados pelas dificuldades da vida. Ele também passou por toda a sorte de atribulações, foi traído por um dos seus amigos, acusado injustamente de crimes que nunca cometeu, agredido violentamente, até morrer na cruz. Jesus entende o sofrimento

---

[5] Mateus 11, 28.

humano, pois ele o experimentou em seu grau máximo!

Por isso, quando a dor, física ou moral, exaure as nossas forças, Jesus compreende perfeitamente o que estamos sentindo e nos oferece o remédio capaz de aliviar a tormenta. Ele não é indiferente ao nosso sofrimento, mas é aquele bom pastor que conhece as suas ovelhas e que, por amor, vai ao encontro delas, para salvá-las do perigo.

Observe, porém, que Jesus não promete que resolverá nossos problemas, porque isso é tarefa que cabe a cada um de nós. A dor que nos atinge traz, em si, uma proposta de consciência e transformação. Quando, por exemplo, um tabagista recebe a notícia de que está com grave problema pulmonar decorrente do cigarro, a doença está trazendo para ele a proposta de se conscientizar sobre os males que ele tem causado a si mesmo, bem como de que transforme seus hábitos – no caso, deixar o vício do cigarro.

Se Jesus curasse o tabagista sem que ele fizesse esse aprendizado, certamente, não haveria da parte deste qualquer mudança de comportamento, e o vício, fatalmente, retornaria – e, com ele, a doença. Nesse caso, Jesus não teria agido como um amigo sincero, mas, sim, como um empregado que apenas limpa a sujeira que deixamos.

É por essa razão que o Nazareno não solucionará nossos problemas, mas, nem por isso, permanecerá indiferente quando sofremos, pois ele prometeu nos dar descanso quando estivéssemos cansados e sobrecarregados. Descansar é tirar o cansaço – no caso, o cansaço espiritual, o desânimo, a falta de coragem para prosseguir na luta com a energia necessária para superar a adversidade. Muitas vezes, perdemos a luta, não porque fomos vencidos pelo problema, mas porque abandonamos o campo de batalha pelo cansaço. Então, sabiamente, Jesus promete a nós exatamente a renovação de nossas forças, até que cheguemos à vitória sobre a dor.

No entanto, para que possamos ser aliviados, precisamos ir a ele. Eis o convite: "Vinde a mim". Não tenhamos receio ou vergonha de ir ao encontro do amigo Jesus por conta dos nossos desacertos perante a vida! Quem de nós que já não se equivocou?! Jesus não está com pedras para nos atirar! Muito provavelmente, ele está querendo tirar as pedras que estamos atirando contra os outros e contra nós mesmos. Ah, quanto ódio e quanta culpa ainda carregamos, e, com eles, quantas doenças, dificuldades emocionais, problemas de relacionamento e crises financeiras acabamos gerando! Estamos cansados de nós mesmos, e, por tal razão, o Cristo nos chama, querendo amainar as tempestades que fazemos desabar sobre nosso caminho.

Ir até Jesus é procurá-lo, sem receio, através da prece, falar das nossas dores, pedir-lhe ajuda. E é também ouvir o que ele tem a nos dizer. Ele dirá a nós o que nos vem ensinando há mais de dois mil anos...

Coragem, meu amigo, tenha bom ânimo! Você sabe que eu também sofri na Terra, mas venci todas as batalhas, e tal se deu para mostrar que vocês também podem fazer o que eu fiz.

Você nunca se arrependerá de ter perseverado na luta, mas derramará muitas lágrimas se desistir da vida, desistir de seus sonhos.

Tolere um pouco mais as pessoas à sua volta, perdoe-as. Assim, a luta ficará mais amena.

Aprenda comigo, que sou manso e humilde de coração.

Seja benevolente com seu adversário.

Levante-se e ande! A sua fé é capaz de curá-lo!

O Pai que cuida tão bem das aves do céu também cuidará de você com mais amor e carinho.

Espere em Deus, confie um pouco mais em você, ame quem cruzar seu caminho, trabalhando pelo progresso de todos, e, assim, você triunfará sobre as adversidades.

E fique sabendo que, na luta, eu estarei ao seu lado, renovando as suas forças!

À medida que vamos interiorizando essas propostas terapêuticas de Jesus, nossa alma vai se fortalecendo, a esperança vem nos fazer companhia, a fé vem aumentar a nossa resistência, o perdão surge apagando culpas e ressentimentos e a inspiração divina vem iluminar a nossa mente, para tomarmos as decisões corretas, que nos levarão à solução das nossas dificuldades. Ninguém que vai sinceramente a Jesus sai desse encontro de mãos vazias.

Ele nos aguarda, agora mesmo. O "Vinde a mim" continua sendo o convite de Jesus chegando ao nosso coração sofrido. Mas não basta escutar a voz do grande amigo nos chamando: é preciso ir até ele!

Eu sou a verdade.[6]

[6] João 14, 6.

Amigo Jesus. Você foi o grande mensageiro de todas as verdades que Deus tinha para seus filhos. Nosso Pai falou através de você e você tudo nos contou, para que, conhecendo a verdade, estivéssemos libertos da ignorância que nos tem feito sofrer.

Escolha a melhor parte

E, RESPONDENDO, JESUS DISSE-LHE: MARTA, MARTA, ESTÁS ANSIOSA E AFADIGADA COM MUITAS COISAS. MAS UMA SÓ É NECESSÁRIA; E MARIA ESCOLHEU A BOA PARTE, A QUAL NÃO LHE SERÁ TIRADA.

Evangelho de Jesus segundo Lucas[7]

Certa ocasião, Jesus passava pela cidade de Betânia, onde residiam as irmãs Marta e Maria, amigas de Jesus. O Mestre houve por bem visitá-las, como certamente o faz até hoje junto aos lares que o acolhem. As irmãs, no entanto, tiveram atitudes diferentes em relação à presença de Jesus. Enquanto Maria sentou-se aos pés do Mestre para ouvir o que ele ensinava, Marta ocupou-se integralmente com

---

[7] Lucas 10, 41-42.

os afazeres domésticos. Um mal-estar surgiu. Marta não aprovou a atitude da irmã, que não a ajudava nas tarefas do lar, e queixou-se com Jesus, pedindo a ele que advertisse Maria.

E qual foi a reação do Nazareno aos reclamos de Marta? O amigo Jesus deu a ela a resposta que transcrevi no início deste capítulo: *Marta, Marta, estás ansiosa e afadigada com muitas coisas. Mas uma só é necessária; e Maria escolheu a boa parte, a qual não lhe será tirada.*

Não creio que Jesus estivesse reprovando os cuidados de Marta com a casa, mas, sim, que alguma coisa mais importante estava acontecendo naquele momento, mais importante do que arrumar a casa. E Maria estava atenta a esse fato, pois tinha "escolhido a boa parte", que era comungar daquele momento tão especial ao lado de Jesus, partilhar de sua amizade, ouvir-lhe as lições de sabedoria que brotavam de sua alma iluminada.

Se Jesus visitasse o nosso lar, tenho certeza de que não ficaríamos ocupados em limpar o tapete enquanto o Mestre estivesse falando ao nosso coração. Foi o que Maria fez. Ficou atenta à melhor parte. O tapete poderia ficar para depois.

Precisamos estar atentos ao que o momento nos pede. Se você está ao lado de uma pessoa querida, viva esse momento como Maria, entregue-se a ele, sinta, absorva, celebre, preste atenção às sensações maravilhosas que emergem desse encontro. Não retire o sabor do momento com preocupações menores.

Jesus nos ensina a priorizar as coisas importantes da vida, pois, um dia, quando se aproximar o fim de nossa viagem pela Terra, poderemos nos ver amontoados a um milhão de coisas sem tanta importância e completamente vazios das coisas essenciais da vida. Hoje, imitando Maria, nos sentamos aos pés de Jesus, para ouvir-lhe a palavra esclarecedora...

Meu bom amigo, nossa passagem pela Terra é tão rápida diante da eternidade! É justo que não a desperdicemos com questões secundárias, de menor relevo, questões que, diante da morte, deixam de ter qualquer sentido.

Enriqueça a sua vida de emoções positivas, emoções que você pode evocar a todo instante. Basta ter olhos de ver e ouvidos de ouvir. Não vale a pena estragar a vida insistindo em emoções destrutivas, que nos fazem sofrer e adoecer.

Na vida, procure dar prioridade àquilo que você poderá levar ao sair daqui quando de seu retorno ao mundo espiritual. Você perderá tudo o que diz respeito aos bens materiais, a começar pelo próprio corpo. Você perderá também a casa, o carro, o dinheiro, o emprego, as joias, a empresa, o poder, os títulos políticos e religiosos. De bom somente levará os sentimentos que cultivou em razão do bem que realizou, do amor que, de fato, foi capaz de viver, do sorriso que brotou de seus lábios, da fé que cultivou nos tempos difíceis, do coração leve, sem culpas e ressentimentos.

Cultive as amizades que você tem, faça novos amigos, encurte a distância dos amigos distantes e desfaça inimizades, ainda que, para isso, você tenha que abrir mão das suas verdades. No fim da vida, não conta muito ter tido razão, se, para isso, você teve que se afastar das pessoas, deixando de amá-las.

Lembre-se, assim, de que o lar é mais importante do que a casa, a viagem é mais importante do que o destino, o agora é melhor do que o depois, a presença é melhor do que a saudade, o real pode ser melhor do que o sonho, viver é melhor do que esperar.

Façamos como Maria, que se colocou aos pés de Jesus, eternizando em si aquele momento passageiro, guardando palavras que ressoariam eternamente em sua alma.

Hoje, "estar aos pés de Jesus" significa expressar essas atitudes em nossa vida, priorizar o amor, externar afeto, eliminar preconceitos, largar a intolerância, viver com mais gratidão, ter compaixão e caridade por quem sofre. Essa é a boa parte da vida, a qual nunca nos será tirada e que nos faz feliz hoje mesmo.

O amigo Jesus nos visita todos os dias. Ele está permanentemente ligado a nós. Vamos, portanto, fazer como Maria, e tornar especial cada momento da nossa vida, cada atividade, cada palavra, cada encontro. Que tudo tenha um toque de três "as": alegria, atenção e amor!

Eu sou a videira, e vocês são os ramos.[8]

[8] João 15, 5.

Divino amigo. Quero ser um ramo produtivo da sua videira. Quero dar uvas doces e suculentas aos irmãos do caminho, sobretudo àqueles que só têm experimentado amargor em sua vida. Mas que eu não esqueça, Jesus, a minha condição de simples ramo, ramo que somente pode dar bons frutos se estiver unido a você.

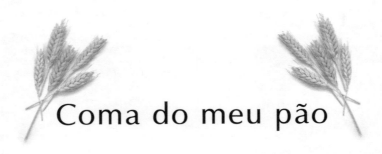

Coma do meu pão

Eu sou o pão da vida. Quem vem a mim não terá mais fome...

Evangelho de Jesus segundo João[9]

Vejam com que beleza e profundidade Jesus nos ajuda a compreender a sua missão entre nós! Ele utilizou o símbolo do pão para que tivéssemos uma ideia mais exata de como devemos entendê-lo. Jesus bem que poderia ter escolhido símbolos nobres, sofisticados e poderosos – afinal, é o Espírito mais evoluído que já esteve entre nós. Mas não! Ele se compara a um alimento – e um alimento simples, nutritivo e acessível a todos. Alimento que está no mundo há cerca de seis mil anos e presente em todos os povos e culturas. Podemos dizer, assim, que o pão é, também, um alimento universal.

[9] João 6, 35.

E que intenção teve Jesus ao se comparar ao pão? Que mensagem ele desejou transmitir a cada um de nós? Pão é alimento. Mas, ao se comparar ao pão, Jesus está falando do alimento espiritual que sua mensagem encerra. Um alimento que, segundo ele, irá saciar nossa fome, não a fome do corpo, mas a fome espiritual, que tanto nos atormenta e que tem sido responsável por muitos problemas em nossa vida.

De que nosso espírito tem fome? Basicamente, nós temos fome de Deus, temos a necessidade de sentir que pertencemos a Deus, que estamos ligados à fonte que nos criou. Nesse aspecto, Jesus mata a nossa fome, porque nos apresentou um Deus que é Pai, diferentemente do Antigo Testamento, em que a ideia de Deus é a de um juiz rigoroso, o que nos dificulta ter uma relação amistosa com alguém que, a todo momento, pode nos julgar e condenar severamente. Isso pode explicar, ao menos em parte, o motivo pelo qual há tanta gente afastada de Deus nos dias atuais. Não é fácil estabelecer uma relação afetiva com quem nos julga antes de nos compreender, com quem nos castiga antes de nos ensinar a refazer o caminho.

Mas o amigo Jesus fala de um Deus que ama mais do que julga, de um Deus que nos levanta quando estamos caídos e que nos mostra o caminho do acerto, de um Deus que perdoa quando nos arrependemos, de um Deus de mãos estendidas para nós, sem pedras, condenações ou reproches. Esse é o Deus que Jesus descortinou aos nossos corações! Um Deus que, nas palavras do Mestre, é o Pai Nosso, o Pai da nossa família, em quem encontramos arrimo, orientação e proteção.

Jesus nos propõe vivermos uma relação amorosa com Deus, e quem se lançar a essa experiência terá paz e segurança, pois sentirá toda a proteção das mãos de nosso Pai.

Muitos, porém, sentem-se indignos desse amor, e vivem como se fossem filhos abandonados pelo pai, pois, em seus corações, ainda predomina a ideia de um Deus severo e impiedoso, que nos jogará no fogo eterno da desgraça. Esse talvez seja o nosso maior sofrimento espiritual: vivermos afastados de Deus, não porque Ele está distante, mas porque não enxergamos que Ele está tão perto e cheio de ternura por nós.

Deus precisava resolver esse problema de relacionamento conosco. Jesus seria a nova revelação divina, unindo a criatura ao criador pelos laços do amor. E Jesus se tornou a face amorosa de Deus na Terra. Deus queria mostrar mais concretamente seu amor por nós e, para tanto, enviou o Cristo à nossa presença. O Cristo que se apresentou como um irmão da nossa família, que afirmou ser nosso amigo, que curou nossas doenças, que sinalizou o caminho da fraternidade entre os homens, que matou a fome da multidão, que perdoou seus inimigos, que se juntou aos pecadores e comeu com eles, mesmo sabendo que, posteriormente, ele seria traído, esquecido, ignorado, abandonado e morto pelo povo que tanto amou.

Por isso, Jesus é o pão que Deus enviou para saciar nosso vazio espiritual. Por meio do Cristo, temos uma via mais humana para chegarmos ao Pai, uma via em que o pecado não é maior do que a criatura que se equivoca. Mais importante do que condenar o homem ao fogo do inferno por seus desvios é estender-lhe a mão amiga, para que ele se erga de suas quedas e encontre o caminho do Céu.

Jesus é o pão da esperança, porque nos estimula a crescer nos fracassos, a ter coragem nas tempestades, a ter amor nas adversidades.

Jesus é o pão que precisa ser digerido – só assim ele se torna alimento em nossa vida.

O valor nutritivo do pão só se obtém quando ele é levado à boca, mastigado, engolido e, posteriormente, digerido internamente. Da mesma forma, precisamos levar as palavras de Jesus à nossa alma desnutrida. Senti-las dentro de nós, perceber-lhes o sabor agradável e absorver-lhes os nutrientes indispensáveis ao nosso crescimento espiritual. Em linhas gerais, precisamos ler, meditar e fixar os ensinamentos de Jesus em nós. Só assim o pão que desce do Céu não ficará embolorado em nossa mesa, enquanto estamos morrendo de fome.

Na última ceia com seus amigos, Jesus tomou um pão e, tendo-o abençoado, partiu-o, e, distribuindo-o aos discípulos, disse: "Tomai e comei, isto é o meu corpo".[10]

---

[10] Mateus 26, 26.

Jesus está novamente entre nós, fazendo a ceia em nossa casa. Ele, mais uma vez, toma o pão, abençoa-o e reparte-o, oferecendo-o a nós com suas palavras...

Meu bom amigo.
Coma deste pão abençoado.
Sei que você está com fome de paz e esperança.
Saiba que fui eu quem preparou este pão, e, enquanto lidava com a massa, eu pensava em você. Pensava nas suas necessidades, nas suas lutas, na sua fome.
Eu lhe dou mais do que comida para o corpo; eu lhe trago alimento para sua alma cansada.
Alimente-se das minhas palavras para você se fortalecer.
Eu não devo livrá-lo de suas lutas e desafios, pois eu também não fui poupado do sacrifício necessário para a realização da minha missão na Terra, missão esta que, sem o testemunho da cruz, não teria sido levada a tão longe e por tanto tempo.
Sem o holocausto da cruz, eu seria apenas uma figura histórica e, certamente, já teria sido há muito tempo esquecido pelos homens.

Assim como eu, você tem também a sua missão na Terra, que é a de crescer em espírito, amar e ser feliz, e, para tanto, haverá de enfrentar adversidades próprias de um mundo em que os homens ainda vivem machucando uns aos outros. Mas essa luta vale a pena, como valeu a minha, pois o nosso testemunho vale mais do que mil livros.

Um gesto de amor fala mais do que todas as poesias que já foram escritas no mundo.

Coma, portanto, deste meu pão, bom amigo.

Da mesma forma que nunca me faltou o amparo do Pai, também não lhe faltará a minha assistência pessoal, o meu olhar cuidadoso, o meu amor sempre crescente por você.

Feche os olhos e visualize que está comendo o pão abençoado que lhe dei.

Sinta o gosto da massa, mastigue e absorva todo o amor que vem do meu coração.

Agora, você está fortalecido na minha amizade!

*Eu sou o bom pastor;
o bom pastor dá a
vida pelas ovelhas.*[11]

[11] João 10, 11.

Bondoso pastor. Quero me sentir como ovelha do seu rebanho. Sei que, muitas vezes, me desgarro, me revolto e me abandono aos perigos do lobo devorador do egoísmo. Mas sei que você me busca, como está me buscando neste momento tão perigoso. Aceito o seu cajado me conduzindo pelos caminhos seguros do amor. Ajude-me a não fugir outra vez!

Sinta a minha compaixão

TENHO COMPAIXÃO DA MULTIDÃO.

Evangelho de Jesus segundo Marcos[12]

Essas palavras foram pronunciadas por Jesus ao constatar que a multidão que o acompanhava havia três dias não tinha o que comer. O Mestre tinha atendido muita gente, em torno de quatro mil pessoas, curando enfermos e explicando sua mensagem de amor e paz através de histórias simples, que ficariam gravadas no coração dos homens por toda a eternidade.

Imagino que Jesus estivesse exausto depois de atender a todas aquelas pessoas durante três dias ininterruptos e que, por essa razão,

[12] Marcos 8, 2.

Sinta a minha compaixão 51

provavelmente, ele gostaria de se retirar para orar e descansar. Mas o Nazareno percebeu que as pessoas estavam com fome, tendo afirmado aos seus discípulos que sentia compaixão da multidão. Compadecido pelo sofrimento do povo que ele tanto amava, Jesus realiza a multiplicação de pães e peixes em quantidade tal, que saciou a fome de toda aquela gente, e ainda sobrou comida para encher sete cestos.

Toca-me profundamente essa passagem de Jesus alimentando os famintos! É importante perceber que a ação do Cristo de saciar a fome do povo é precedida pelo sentimento da compaixão. O agir (multiplicação dos pães) é fruto de um sentir (compaixão). Um não pode ser entendido sem o outro. Gostaria de tentar definir o que é compaixão, para, assim, entendermos melhor nosso amigo Jesus, sobretudo saber como ele lida com as nossas fraquezas.

Segundo o dicionário Aurélio, compaixão é o pesar que nos desperta a desgraça, a dor de outrem. Pela via inversa, André Comte-Sponville explica que: "A compaixão é o contrário da crueldade, que se regozija com o sofrimento do outro, e do egoísmo, que não se preocupa com ele".[13]

Jesus foi um homem compassivo, porque o sofrimento humano sempre lhe pesava no coração. Por isso, constantemente, estava ao lado dos aflitos, dos pobres, enfermos e pecadores, oferecendo-lhes amparo físico e espiritual. Os desafortunados, derrotados e excluídos socialmente tocavam profundamente o coração compassivo de Jesus.

Todas as lágrimas tocavam o coração do Nazareno. Independentemente dos motivos pelos quais os homens choravam, Jesus chorava com eles. E chora ainda, quando nossos olhos derramam lágrimas sofridas, amargas, aflitas. Ele é o amigo que sente a dor dos espinhos que nos machucam. Todos temos espinhos encravados no corpo e na alma, espinhos por vezes silenciosos ao mundo, mas não ocultos a Jesus. Choramos muitas vezes às escondidas, no silêncio de nosso quarto, mas Jesus sabe e

---

[13] *Pequeno Tratado das Grandes Virtudes*, Martins Fontes.

vê quantas lágrimas estamos derramando. Sofremos calados, amiúde, porém Jesus ouve os gritos de nossa alma desesperada.

Jesus de Nazaré sentiu a fome da multidão, como sente hoje a nossa fome de amor, paz, perdão, saúde e felicidade. Como outrora, ele está disposto a saciar a nossa fome, e seu modo de agir é o de um amigo compassivo. E o que faz o amigo Jesus? Inicialmente, ele percebe a nossa dor e se compadece de nós. Ele se entristece com a nossa tristeza. Ele sofre com o nosso sofrimento. Mas o amigo Jesus não fica por aí, não tem uma atitude meramente contemplativa da nossa dor. Ele vai além, pois é o amigo que deseja secar as nossas lágrimas e extirpar a raiz do nosso sofrimento.

Na parábola do Filho Pródigo, Jesus conta a história de um filho que abandona a casa do pai e sai pelo mundo esbanjando toda a herança recebida numa vida desenfreada. Quando tinha gasto tudo o que possuía, ele começou a passar fome e todo o tipo de dificuldade, até que acabou se arrependendo e voltando para a casa do pai. Quero destacar aqui apenas a atitude que o pai teve ao avistar o filho retornando ao lar. Jesus conta que o pai teve compaixão, saiu correndo, abraçou o filho e o cobriu de beijos.[14]

É isso o que o amigo Jesus faz conosco todas as vezes que, sofrendo, imploramos a Deus o socorro para nossas dores! Expressando o amor do Pai, Jesus vem ao nosso encontro, nos abraça e nos enche de beijos. No lugar de castigos e sermões, temos um Jesus que corre para nós e que nos encontra, sim, com abraços e beijos! É assim que Deus nos ama: nos ama de forma divina, mas também humana, com abraços e beijos, sobretudo quando estamos no pior momento de nossa existência, tal qual ocorria ao filho pródigo.

Por isso, quando estivermos atravessando as nossas crises, jamais nos esqueçamos de que Jesus virá correndo nos encontrar, tão logo o procuremos através da prece. E ele vem na condição de amigo compassivo, que nos abraça e

---

[14] Lucas 15, 20.

nos beija, para saciar a nossa fome, multiplicando as bênçãos de que necessitamos em nossa vida. Há de se frisar, porém, que o encontro com Jesus é de coração a coração. A conexão com o coração compassivo do Mestre encontra sério obstáculo se estivermos com o coração seco, insensível ao sofrimento do próximo.

Se estivermos, por exemplo, num hospital pedindo a Jesus que socorra um filho doente, precisamos usar de compaixão para sentirmos a dor de outros pais e familiares pela doença dos seus entes queridos, e nossas preces precisam também se voltar a esses irmãos em sofrimento. Fazendo assim, as nossas súplicas poderão alcançar os planos celestiais onde reinam o amor e a compaixão.

A compaixão de Jesus não serve apenas para dela se obter algum bem. É, antes de tudo, um estímulo para que também sejamos compassivos, pois na virtude da compaixão é que nascem o amor e a felicidade em nossa vida. A prática da compaixão pede um olhar para as dores alheias, é um convite para abraçarmos os que sofrem e oferecermos a eles o socorro que nos for possível. Fazendo isso, ou seja, sentindo e socorrendo a dor alheia, estaremos minimizando e curando a nossa própria dor. O amigo Jesus vem mais depressa ao encontro de um amigo de coração compassivo, falando ao seu espírito abatido...

Bom amigo.
Sei o quanto sofre.
Meu coração se compadece da sua aflição.
Mas estou aqui!
Eu o abraço e beijo sua fronte, em sinal da minha amizade.
Conheço suas dificuldades do momento e pesa em mim o seu sofrer.
Quero muito ajudá-lo a resolver a situação que o aflige, e, por isso, estou ao seu lado.
Neste exato momento, estou orando a Deus por você, pela sua saúde, pela sua família, pelo seu trabalho, por sua vida. Oro, implorando a Deus por uma solução para suas aflições.
Estou fazendo a minha parte, e espero que você possa fazer a sua.

Quando eu multipliquei pães e peixes, eu não consegui fazer isso do nada. Eu multipliquei a partir de alguns poucos pães e peixes que meus discípulos tinham consigo. E Deus abençoou esse pouco, transformando-o em comida capaz de alimentar uma multidão de mais de quatro mil pessoas!

Por isso, querendo agora abençoar a sua vida, eu lhe peço que me dê o seu coração compassivo, me dê um pouco dos seus gestos de amor pelo próximo, me dê um pouquinho da sua caridade, para que eu possa multiplicar tudo isso em sua vida.

Mas, se, porventura, o seu cesto estiver vazio, dê a mim, pelo menos, o seu compromisso de ser compassivo e caridoso com os outros famintos que cruzarem a estrada da sua vida. Assim, a nossa amizade vai crescendo, e o mundo se tornando um lugar bom de se habitar, na vivência da verdadeira fraternidade.

Há muita gente faminta ao seu lado, esperando que você multiplique não apenas o pão do corpo, mas o pão que alimenta a alma, em forma de atenção, gentileza, acolhimento e afeto.

Eu ensinei a não deixar o cesto vazio. Faça o mesmo você também, sobretudo com as pessoas mais difíceis à sua volta, pois elas, mais do que as outras, precisam da sua compaixão.

Nunca se esqueça de que a compaixão é uma virtude que se desenvolve no sentido de tratar as pessoas melhor do que você julga que elas merecem.

Não foram vocês que me escolheram; pelo contrário, fui eu que os escolhi...[15]

---

[15] João 15, 16.

Jesus Nazareno. Saber que fui escolhido por você é uma grande surpresa! Eu não imaginava que alguém como eu, tão carregado de imperfeições, pudesse entrar na lista dos seus amigos. Você escolheu as coisas loucas do mundo para confundir os sábios; escolheu os fracos como eu para confundir os fortes; escolheu quem estava perdido para que se encontrasse. Honrarei a sua escolha, bom amigo.

Hoje preciso ficar em sua casa

Jesus tinha entrado em Jericó, e estava atravessando a cidade. Havia ali um homem chamado Zaqueu: era chefe dos cobradores de impostos, e muito rico. Zaqueu desejava ver quem era Jesus, mas não o conseguia, por causa da multidão, pois ele era muito baixo. Então, correu na frente e subiu numa figueira para ver, pois Jesus devia passar por ali. Quando Jesus chegou ao lugar, olhou para cima e disse: "Desça depressa, Zaqueu, porque hoje preciso ficar em sua casa". Ele desceu rapidamente, e recebeu Jesus com alegria.

Evangelho de Jesus segundo Lucas[16]

Eu sempre me emociono quando reflito sobre esse encontro de Jesus com Zaqueu! Embora já tenha escrito sobre o tema, sinto que,

[16] Lucas 19, 1-6.

com o passar do tempo, sempre vai se abrindo um pequeno véu, descortinando novos ângulos de interpretação desse dia em que Jesus se mostrou tão amigo dos homens. Diz o ditado que "recordar é viver". Pois é desse modo que, lembrando vivamente desse encontro, eu também me sinto à procura de Jesus, e o surpreendo em alguma esquina do meu cotidiano, ávido por me encontrar.

Aquela foi uma tarde quente na próspera cidade de Jericó, onde, em meio a tantas pessoas, Jesus encontrou Zaqueu. Chefe dos cobradores de impostos, Zaqueu estava muito rico, embora vivesse aflito e amargurado, e, certamente por isso, estava à procura de Jesus. No íntimo, Zaqueu tinha conhecimento de que a maior parte de sua riqueza provinha dos abusos que praticava como coletor de impostos. Perante a comunidade, ele era tido como pecador, e quase todos se afastaram do seu convívio. Não bastasse o severo julgamento da comunidade, a consciência de Zaqueu também lhe apontava as mãos sujas, e isso tudo lhe pesava muito na alma.

Esse sofrimento levou o rico Zaqueu a procurar Jesus entre os pobres e desvalidos, ironicamente junto àqueles de quem cobrava impostos escorchantes. É fácil deduzir que ele não queria apenas ver Jesus passar entre a multidão; ele queria ter um encontro com Jesus, falar com ele, chorar, desabafar, aliviar o seu fardo, encontrar uma saída para suas dores íntimas. Zaqueu sofria, e só isso explica um homem rico se misturar à multidão e, ainda por cima, por conta de sua baixa estatura, subir em uma árvore, usando roupas finas e joias suntuosas, só para que Jesus o visse.

A estratégia deu resultado. Jesus não só avistou o "pobre" coletor de impostos, como ainda afirmou, para total surpresa de todos, que gostaria de se hospedar na casa de Zaqueu. A multidão queria que Jesus repreendesse Zaqueu por seus pecados. Mas o Nazareno certamente entendeu que, muito mais do que censuras, Zaqueu precisava de amor e compreensão. Ele estava perdido, e Jesus precisava salvá-lo. É possível imaginarmos o quão agradavelmente surpreso Zaqueu ficou com a proposta de Jesus. Suspeito, até, que ele tenha quase caído da árvore, tamanha a sua alegria ao saber que Jesus, o emissário de Deus, procurava abrigo na casa de um pecador! Daquele encontro inesperado, começava uma grande amizade entre Jesus e Zaqueu, e, a partir dela, uma grande transformação na vida do coletor de impostos.

Já no interior da residência, não se tem notícia nos evangelhos de que Jesus teria feito alguma censura ou admoestação quanto aos desacertos de Zaqueu. E isso, certamente, não ocorreu, porque nem seria educado que Jesus formulasse críticas ao anfitrião. Cristo entrou naquela casa na condição de amigo, pretendendo demonstrar seu amor a Zaqueu, pois só dessa forma poderia tocar o coração do cobrador de impostos. Não era necessário repreendê-lo, pois a consciência dele já o acusava duramente. O que Zaqueu estava precisando era encontrar um novo caminho, e, por tal motivo, Jesus usou de misericórdia para com ele, mostrando-lhe que era seu amigo, que, inclusive, estava se hospedando em sua casa, a despeito de todos os desacertos de sua vida.

Imagino que, no interior da residência, Jesus sentou-se à mesa com a família de Zaqueu, agradeceu a acolhida que tivera e conversou descontraidamente com todos. Um clima de elevada fraternidade se estabeleceu no ambiente e Jesus, por certo, deve ter dito o quanto é bom ter amigos e que a verdadeira felicidade nasce daquilo que somos, e não do que temos. Em tom amigo, suavemente, falou que "ser" é melhor do que "ter", que compartilhar é melhor do que guardar, que fazer alguém feliz é a nossa maior felicidade.

Eu posso supor que, enquanto o diálogo se desenrolava, Zaqueu não tirava os olhos de Jesus, visivelmente emocionado. O cobrador de impostos, tão odiado, pela primeira vez, sentia-se amado, porque Jesus não falava de pecados – falava do amor que está guardado no nosso coração e do quanto isso nos faz felizes! E esse coração se abriu de vez quando Zaqueu foi até a janela da sala e viu que, lá fora, estavam os seus acusadores. Era chegado o momento de Zaqueu romper com o seu passado de equívocos. Era o instante de assentar a sua vida em novas bases. Era o momento de amar!

Jesus olhou serenamente para seu novo amigo, e creio que Zaqueu entendeu o que o coração de Jesus pedia em silêncio, pois, banhado em lágrimas, ele se virou para Jesus e disse que doaria metade de sua fortuna aos pobres e, para aqueles de quem tinha roubado, devolveria quatro vezes mais. Jesus esboçou um sorriso aberto e toda a família correu para Zaqueu, abraçando-o, emocionada. Havia muito tempo não viam alegria em seu rosto! Parecia que ele havia renascido! Eles já não se importavam em ser tão ricos, pois ver Zaqueu feliz era uma satisfação que não tinha preço. Jesus estava exultante de alegria, porque sua missão era buscar e salvar os que estavam perdidos. E Zaqueu havia se encontrado.

Jesus continua sua peregrinação pelo mundo, e, ainda hoje, podemos ouvir a sua voz chamando pelo nosso nome, pedindo abrigo em nossa vida, para falar ao nosso coração...

Zaqueu veio ao meu encontro, e eu o estava esperando. Ele queria me conhecer, mas eu já o conhecia.

Eu conheço todas as ovelhas do meu rebanho, assim como conheço você, que tem este livro às mãos, querendo me encontrar.

Eu também estava esperando você vir. Como desejei esse reencontro!

Continuo pelo mundo, em busca de outros 'Zaqueus'. Homens e mulheres que sofrem, que estão deprimidos, que são escravos das coisas que não lhes podem dar paz interior e felicidade ao coração.

Sei que você tem me buscado, tem dito meu nome, tem me perguntado por que está sofrendo tanto.

Eu vim para vê-lo, para encontrá-lo, como fiz com Zaqueu. E lhe digo, de coração: Meu amigo, ao terminar esta leitura, gostaria de ficar na sua casa. Você me receberia? Quero sentar-me à mesa com você e sua família. Vamos conversar sobre as coisas do Pai, vamos ouvir música, contar histórias, brincar com seus filhos. E, finalmente, gostaria de lembrá-lo de que você é uma criatura linda aos olhos de Deus!

Sempre é tempo de refazermos os nossos caminhos!

Sempre é tempo de abandonarmos condutas que nos estejam machucando ou ferindo o nosso próximo!

É tempo de deixar o coração mais leve, de andar pela vida esquecendo mágoas, largando críticas e julgamentos, e pondo mais doçura nas palavras e pureza no olhar.

Você não precisa me contar os seus pecados. Não me interessa ficar contando as pedras em que você tropeçou.

Levante-se, erga-se e volte a caminhar, sem culpas, apenas olhando para não cair novamente nas mesmas pedras.

Não preciso lembrar o que você já fez, pois o que me importa é saber o que você fará de agora em diante.

E a única coisa que lhe peço, como amigo, é que você ame mais, a começar por si mesmo. E lembre-se de que amar é cuidar.

Portanto, cuide bem de você e cuide bem dos que cruzarem o seu caminho.

Só quero que sinta que confio em você, quero que saiba que você é digno de todo o meu amor e que, por mais que tenha se equivocado, o amor é o que nos levanta das nossas quedas.

E eu estou aqui, de mãos estendidas, para que você se reerga.

Por isso, quero estar com você em sua casa, ainda esta noite...

Lázaro, venha para fora![17]

[17] João 11, 43.

Ouço sua voz me chamando, Jesus: "Venha para fora". Estou morto no túmulo do egoísmo, estou sepultado na pedra fria da falta de amor. E sua doce voz me chama para sair de mim mesmo, abrir-me para a vida, para o meu irmão que sofre mais do que eu. É no outro que me encontro, é abrindo os braços que a solidão desaparece, somente amando é que serei amado. Quero sair desse túmulo frio!

Agora é vida nova

Alguns dias depois, Jesus voltou para a cidade de Cafarnaum, e logo se espalhou a notícia de que ele estava em casa. Muitas pessoas foram até lá, e ajuntou-se tanta gente, que não havia lugar nem mesmo do lado de fora, perto da porta. Enquanto Jesus estava anunciando a mensagem, trouxeram um paralítico. Ele estava sendo carregado por quatro homens, mas, por causa de toda aquela gente, eles não puderam levá-lo até perto de Jesus. Então, fizeram um buraco no telhado da casa, em cima do lugar onde Jesus estava, e, pela abertura, desceram o doente deitado na sua cama. Jesus viu que eles tinham fé e disse ao paralítico: – Meu filho, os seus pecados estão perdoados.

Evangelho de Jesus segundo Marcos[18]

Esse deve ter sido um dia especial para Jesus! Ele havia realizado uma peregrinação por toda a região da Galileia, tendo passado por cidades

[18] Marcos 2, 1-5.

e aldeias, ensinando as leis de Deus e curando os enfermos do corpo e da alma. Ao fim da tarefa, depois de vários dias de exaustivo trabalho, Jesus retornou à cidade de Cafarnaum, onde havia se fixado na casa do amigo Simão Pedro. Creio que Jesus apreciava a vida simples de Cafarnaum, uma cidade de pescadores e camponeses, com cerca de dois mil habitantes. E foi exatamente ali que se deu o episódio que agora estamos recordando, trazendo aquele Jesus peregrino mais perto de nosso coração, como sei que ele deseja estar.

Como disse, Cristo acabara de chegar da viagem pela região da Galileia e foi imediatamente para a casa de Pedro. Posso avaliar que ele estivesse fisicamente cansado, e a primeira coisa que desejava fazer era tirar a poeira dos pés e das mãos e lavar o rosto castigado pelo sol. Aposto até que, depois de se lavar, os irmãos Pedro e André serviram a Jesus algum alimento, quem sabe uns deliciosos figos, que ele deve ter saboreado com gosto, porque, como homem, também sentia fome e sede.

Enquanto comia, porém, Jesus notava um semblante de preocupação em Pedro. O recolhimento de Jesus estava ameaçado. Pedro, contrariado, falou que a multidão descobrira que Jesus estava em casa e já se aglomerava em torno para vê-lo a todo custo. Jesus deve ter dado um último olhar para os figos... Era hora de voltar ao trabalho. Ele não podia perder tempo, porque sabia que não disporia de muito para realizar a sua missão.

E foi assim que ele autorizou Pedro a deixar as pessoas entrarem. O amigo Jesus sempre quer as pessoas próximas de si, sobretudo aquelas que se sentem indignas ou afastadas do amor de Deus. Mas havia tanta gente, que não coube dentro da casa! Muitos ficaram do lado de fora. Jesus, por certo, lançou seu olhar de compaixão para aquela gente simples, sem esperança, e se comoveu diante daquele rebanho cansado e sofrido! O Evangelho registra que Jesus anunciou a palavra, mas não cita o que ele teria dito àquela gente, que trazia no próprio corpo as marcas do sofrimento. Dois mil anos passados, porém, eu ainda sou capaz de ouvir a voz melodiosa de Jesus falando da esperança e do amor de Deus...

Meus amigos.
Estou profundamente unido a vocês, e meu Pai me envia para lhes dar a boa notícia de que Ele também os ama, de forma muito especial.
É o momento de renovarmos a nossa aliança com Deus, não mais uma aliança fundada no temor e no medo, no castigo e na vingança, mas uma aliança que tem no amor o seu elo indestrutível.
Doravante, não falemos mais em castigos para quem erra, mas, sim, em oportunidade de reabilitação para o equivocado.
Abandonemos o propósito de nos vingarmos dos outros pelos erros que cometeram contra nossos interesses, e troquemos o revide pelo perdão das ofensas, o mesmo perdão que Deus nos concede diariamente, quando somos nós os que agridem e ferem.
Não mais a lei do "olho por olho", porque, assim, vocês ficarão todos cegos, mas a lei do auxílio a quem caiu, a face da bondade a quem mostra a face da violência.
Aos que estão enfermos, proponho que lavem as feridas uns dos outros – assim, terão suas dores diminuídas.

Aos que se sentem solitários, convido que se tornem amigos daqueles que também perambulam pela vida, deserdados de qualquer companhia.

Aos que se encontram com o coração tomado pelo ódio, encareço que se aproximem urgentemente de todos aqueles outros irmãos em crises de loucura e insanidade, consumidos que foram pelas labaredas da revolta, e procurem acalmá-los com os remédios da paciência e da aceitação, e, com isso, estarão asserenando os seus próprios corações.

Então, vocês ouviram o que foi dito no passado: "olho por olho". Mas, hoje, eu trago a vocês o mandamento do "de coração a coração". Essa é a lei que rege os nossos caminhos, através da qual o amor e a felicidade se manifestarão em nossos passos.

Esqueçam, assim, os males que os preocupam.

Creiam firmemente na vitória do bem, pois somente o bem é a vontade de Deus.

Tolerem os que ainda não os compreendem – eles veem a vida com olhos diferentes dos seus.

Encham-se de simpatia e entendimento para com todos à sua volta, pois eles são a chave da felicidade em sua vida...

Mas, enquanto falava, Jesus escutava um forte barulho que vinha do telhado. Todos perceberam que algo incomum acontecia. O barulho tornou-se mais intenso, e o Mestre parou de falar, pois sabia que algo inusitado ocorreria. E, para surpresa dos presentes, o telhado se abriu, e um homem enfermo desceu em sua maca, segurado por quatro homens.

Todos ficaram boquiabertos! Estou certo de que o próprio Jesus ficou admirado com a atitude daqueles homens. Que fé ardente eles possuíam! Como não conseguiram entrar (em razão da multidão que se aglomerou dentro e fora da casa), eles não desistiram, e souberam encontrar um modo de apresentar o paralítico a Jesus. Se assim procederam, é porque tinham fé de que ele poderia curá-lo, e isso, certamente, sensibilizou profundamente o coração do amigo Jesus!

Hoje, vemos pessoas aflitas, mas que não se levantam do sofá para buscarem ajuda. Não oram, mas pedem que orem por elas. Não vão ao templo, a pretexto de falta de tempo, mas encontram tempo para tantas coisas fúteis... Suplicam a Jesus uma palavra de orientação, mas fecham os olhos para o seu evangelho. Como aqueles homens descendo o enfermo pelo telhado podem nos ensinar em matéria de fé! Que homens determinados! E quanta confiança depositavam no amigo Jesus! Falam que, atualmente, os milagres são cada vez mais raros. Mas eu diria que raros, nos dias de hoje, são os homens de fé.

E eis que o paralítico estava diante de Jesus! O pensamento me arrasta, mais uma vez, àquele momento, e chego a pensar no que teria se passado com Jesus diante daquele homem...

Olhei para o fundo de sua alma, penetrei-lhe os porões mais secretos para descobrir o que o paralisava. E percebi que era um forte sentimento de culpa. A culpa de não viver a vida que Deus lhe havia confiado!

O Pai nos ofereceu o dom da vida, e, com ele, o dom de lutar e de vencer as adversidades, o dom de ser feliz. Mas, quando o homem se acovarda, quando ele se deixa dominar pelo medo, pela preguiça ou pela revolta de ter de conquistar o seu lugar ao sol, ele cai na cova do negativismo e da revolta, e tudo em sua vida começa a paralisar, inclusive o próprio corpo. E, daí, vem a sensação de culpa de não estar vivendo a vida que Deus lhe confiou. Esse é um grave problema, que aflige a maioria dos meus amigos: a consciência da culpa de não estarem vivendo a vida que lhes foi confiada.

O único remédio capaz de curar a culpa é o perdão.

O paralítico estava se sentindo distante de Deus, e eu precisava acabar com essa distância.

Minha tarefa, naquele momento, era reatar o relacionamento desse amigo com o Pai. Por isso, disse a ele: "Meu amigo, os seus pecados estão perdoados", e, com essas palavras, eu queria dizer: "Meu amigo, você é aceito por Deus. Recomece sua vida. Abandone a culpa, largue fora o medo de viver, de enfrentar os seus desafios. Erga-se, mesmo sentindo suas pernas fracas, porque somente andando é que elas se tornarão fortes".

E, no mesmo instante, o paralítico levantou-se, pegou a sua cama e foi para sua casa.

Todos ficaram muito admirados, e quem sabe você, que está lendo agora estas palavras, também tenha ficado.

Como é gratificante devolver o dom da vida a quem está paralisado!

Tenho certeza de que você também deve se sentir culpado em algum campo de sua vida.

Admita sua fraqueza!

Deus o compreende, mas Ele quer tornar fortes aqueles que se sentem fracos.

Deixe-me fazer por você o que fiz pelo paralítico.

Deus o perdoa, meu amigo, de toda a culpa que carrega por não estar vivendo tudo aquilo que o Pai confiou a você. Sinta-se perdoado por não se sentir um bom pai, uma boa mãe, um filho exemplar, um cônjuge amoroso, um cidadão de bem, um amigo leal, um bom patrão ou empregado, um cristão verdadeiro. Deus o perdoa de todas as culpas que, aqui, nem preciso mencionar, mas que você bem sente em seu coração. Tudo está perdoado, meu amigo. Sua vida foi passada a limpo. E você já está de pé.

Siga em frente. Agora é vida nova!

Os seus pecados estão perdoados.[19]

[19] Lucas 7, 48.

Amável Jesus. Essas palavras caem como abençoada chuva no deserto do meu coração oprimido pela culpa! Sentir o perdão divino é uma das maiores graças que podemos ter em nossa vida. Quando você falou do perdão de Deus para comigo, foi uma das maiores dádivas da sua amizade. Esse perdão me resgatou para Deus, trouxe-me alívio no peito, trouxe-me de volta para a vida.

Minha religião é o amor

Um fariseu convidou Jesus para jantar. Jesus foi até a casa dele e sentou-se para comer. Naquela cidade, morava uma mulher de má fama. Ela soube que Jesus estava jantando na casa do fariseu. Então, pegou um frasco feito de alabastro, cheio de perfume, e ficou aos pés de Jesus, por trás. Ela chorava, e as suas lágrimas molhavam os pés dele. Então, ela os enxugou com os seus próprios cabelos. Ela beijava os pés de Jesus e derramava o perfume neles. Quando o fariseu viu isso, pensou assim: "Se este homem fosse, de fato, um profeta, saberia quem é esta mulher que está tocando nele e a vida de pecado que ela leva".

Evangelho de Jesus segundo Lucas[20]

Considero essa uma das passagens mais tocantes do Evangelho. Se mergulharmos na cena

[20] Lucas 7, 36-39.

narrada por Lucas e sentirmos toda a emoção que perpassou pelo coração de Jesus e de Maria Madalena, é quase certo que nosso coração também se comova de tanto amor! Recue no tempo, volte a uma sociedade nitidamente patriarcal, em que a família era o mundo dos homens e onde as mulheres não passavam de seres insignificantes...

Jesus se encontrava em Naim, pequena cidade da região da Galileia, próxima a Nazaré, onde ele passou boa parte da sua infância. Naim era uma cidade pobre e de pouquíssimos habitantes, mas Jesus não se importava com a insignificância política ou social da cidade. Ele queria tocar as pessoas, fazendo-se amigo delas. Só por isso já teria valido a pena ele ter caminhado um dia todo até Naim, vindo de Cafarnaum. Jesus não mede distâncias ou sacrifícios para chegar aonde for preciso, tampouco se preocupa com o número de pessoas que irão ouvi-lo. Se alguém precisa dele num casebre pobre, ali ele estará, com a mesma alegria e prontidão de quando o chamam num templo repleto de fiéis. Jesus está onde o amor precisa chegar!

Em meio às atividades do dia, o Nazareno recebeu um convite de Simão, habitante de Naim, para jantar em sua casa. Simão era ligado aos fariseus, um grupo religioso muito poderoso da época, rigorosos observadores das práticas religiosas exteriores. Perante o povo, passavam-se por santos, mas, na verdade, eram orgulhosos, dominadores e, por trás de um falso manto de santidade, escondiam costumes dissolutos.

Eles viviam uma religião de aparências, e Jesus viera para ensinar uma religião de coerências. Eles se apegavam a formalidades, e Jesus era pura simplicidade. Ficar de joelhos diante do altar era quase tudo para eles, e Jesus ensinava que só se pode agradar a Deus quando se está em paz com seu irmão. Cristo sabia que teria muitos problemas com os fariseus; sabia que, em futuro não distante, eles tramariam a sua própria morte.

Mesmo diante dessa previsão sombria, ele decide aceitar o convite de Simão. Jesus sabia que não se tratava de um convite amistoso, fraterno. Simão e seu grupo queriam testar Jesus e, se possível, colocá-lo em contradição com as práticas religiosas que os fariseus tanto veneravam. Mesmo de coração apreensivo, Jesus aceita o convite, pois não poderia perder a oportunidade de levar a mensagem de amor e fraternidade aos fariseus, ainda que isso lhe custasse a própria vida. Imagino que Jesus estivesse com o coração apreensivo ao ter de ir a uma festa em que as pessoas não lhe seriam hospitaleiras, mas, sim, estavam interessadas em prejudicá-lo. Não é difícil supor o que aconteceu naquela festa, em que a alegria seria a última coisa que Jesus encontraria...

Assim que entrei na casa de Simão, logo estranhei, porque ninguém veio me receber. A estranheza aumentou quando não me ofereceram água para lavar os pés, nem azeite perfumado para passar nos cabelos empoeirados e ressecados pelo sol. Isso era incumbência do dono da casa, conforme os costumes da época, mas Simão sequer me deu o beijo de saudação.

Imaginem como eu me senti indesejado naquela reunião! Cheguei a pensar em ir embora, mas eu não poderia cair naquela cilada! Se fizesse isso, iriam dizer que eu era um homem mal educado, que vivia pregando a humildade, mas que, no fundo, eu era um tremendo orgulhoso.

Não podendo recuar, sentei-me e comecei a comer, sem o beijo de saudação de Simão, sem que os meus pés fossem lavados, sem óleo para a cabeça. Bem, mais importante do que essas gentilezas era saber que Deus havia me colocado ali para testemunhar o seu amor. E Deus não me deixou só. Inesperadamente, surgiu aos meus olhos a figura terna de Maria de Magdala. Como eu fiquei feliz! Sabia que ela não era convidada, por causa de sua conhecida fama de 'mulher de má vida', como diziam. Todos os homens voltaram os olhos indignados para Maria, mas eu sabia que muitos desses homens já a tinham procurado para a satisfação dos seus instintos lascivos. Hipócritas!

Simão, homem rico e líder religioso, sequer me deu as boas-vindas quando cheguei à sua casa. Maria, porém, estava ajoelhada diante de mim. Simão nem se importou em me dar água para lavar os pés. Maria, no entanto, lavou meus pés com suas lágrimas e os enxugou com seus longos cabelos negros. Simão não ungiu minha *cabeça com óleo. Mas Maria derramou perfume em meus pés.*

Fiz questão de olhar para Simão para saber o que ele estava achando de tudo aquilo. Ele nada falou de público, mas captei o que ele pensava: "Se este homem fosse, de fato, um profeta, saberia quem é esta mulher que está tocando nele e a vida de pecado que ela leva".

Aproximei-me de Simão e falei, sem perder a minha paz: - Essa mulher me ama porque teve seus erros perdoados. Meu Pai quer a morte do pecado, e não do pecador. Simão, o Pai é o Deus da compaixão! Maria estava perdida, desencontrada de si mesma. Ela apenas tinha sede profunda de amar e de ser amada, porém procurou saciar essa sede nas águas salgadas do mar das paixões, e lá encontrou homens que nunca a amaram, apenas satisfizeram a si próprios. Se Maria errou, Simão, ela não errou sozinha – falei olhando para alguns dos homens presentes.

Meu Pai me enviou, Simão, para buscar todas as ovelhas perdidas, salvá-las, e não para condená-las ao fogo do inferno. Não devemos julgar as pessoas, Simão; devemos amá-las, porque quem julga não tem tempo para amar. E como você tão bem sabe, Simão, o maior mandamento de Deus é amar o nosso próximo. E eu amo Maria, tanto quanto amo você, Simão. Por isso, lhe falo essas palavras, para que a sua religião saia um pouco da cabeça e desça mais ao coração!

Todos estavam emudecidos, inclusive Simão. O único som que se ouvia era o pranto de Maria. Era hora de me retirar. Minha missão naquela noite estava terminada. Não deveria avançar mais, porque temia a reação violenta de alguns corações endurecidos. Ainda não era chegada a hora do meu sacrifício...

A partir daquela noite memorável para Maria, ela se tornou uma das mais fiéis seguidoras de Jesus. Abdicou de todos os seus bens, que não eram poucos, deixou de lado a ilusão das paixões e foi amar os que não eram amados, terminando os seus dias na Terra convivendo, feliz, entre os leprosos. Jesus não a converteu com sermões, reprimendas, penitências ou ameaças religiosas. Ele simplesmente amou Maria, compreendeu suas dores íntimas, libertando-a através da terapia do amor, que ela tão bem soube aceitar para si e oferecer a outros corações dilacerados pelo sofrimento.

Foi tão grandiosa a transformação de Maria Madalena, que foi a ela que Jesus primeiramente apareceu após a crucificação.[21] Seria até muito justo que ele primeiro aparecesse à sua mãe ou aos seus discípulos mais chegados, como Pedro e João. Mas não! Ele apareceu àquela mulher que soube trocar a dor pelo amor, que saciou a sua fome de ser amada amando os que, segundo a sociedade de então, não mereciam ser amados.

Mais de dois mil anos se passaram, e sempre fico a me perguntar que caminhos Simão e Maria Madalena teriam tomado nas trilhas da eternidade. Se fizéssemos essa pergunta a Jesus, tenho certeza de que ele nos diria que seus amigos continuam caminhando...

Maria Madalena já retornou ao mundo outras vezes, como a dama da caridade, revivendo o meu evangelho entre os tristes e perdidos do caminho.

[21] Marcos 16, 9.

Simão ainda se demorou por muito tempo apegado à letra. Voltou ao mundo como filho de uma prostituta tuberculosa, que morreu logo após o parto.

E Simão foi acolhido pela dama da caridade que estava na Terra na feição singela de uma freira chamada Teresa...

Se tiverem amor uns pelos outros, todos saberão que vocês são meus discípulos.[22]

---

[22] João 13, 35.

Cristo amigo. O convite para ser seu discípulo é para todos e não exige que, necessariamente, façamos parte de algum grupo religioso. Aprendi que a única condição que você impõe é a de que nos amemos uns aos outros. Isso, para mim, é o verdadeiro sentido da palavra "igreja", o encontro de irmãos que se amam, onde quer que estejam. Que eu seja a igreja peregrina, vivendo em comunhão com meus irmãos.

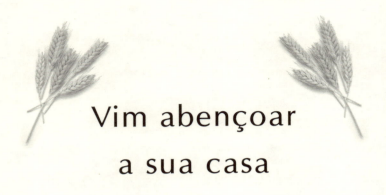

Vim abençoar a sua casa

ENTRANDO NA CASA DE PEDRO, JESUS VIU A SOGRA DESTE ACAMADA, COM FEBRE. TOCOU-LHE A MÃO, E A FEBRE A DEIXOU. ELA SE LEVANTOU E PASSOU A SERVI-LO.

Evangelho de Jesus segundo Mateus[23]

Estamos diante de uma cena comum, que não tem despertado maior interesse por parte daqueles que estudam a vida de Jesus. De fato, para quem curou leprosos, devolveu a visão a cegos e levantou paralíticos, fazer baixar uma simples febre não parece um feito que mereça algum destaque especial. Não pretendo, porém, exaltar a cura em si mesma, pois é até possível que a causa da febre não passasse de

[23] Mateus 8, 14-15.

uma simples virose. Eu quero ler essa passagem num contexto maior, percebendo nela não tanto a cura realizada, mas a atitude que Jesus teve diante de um fato corriqueiro na vida de todos nós: a febre em um membro de nossa família. E faço isso para descobrir, mais uma vez, o amigo Jesus presente em nossas vidas.

Confesso a minha surpresa e admiração: Jesus é o guia espiritual da humanidade, o governador planetário para os espíritas ou o próprio Deus encarnado para os meus irmãos católicos e protestantes. Não importando agora discutir essas diferenças, o fato é que Jesus, ao menos para os cristãos, é a referência máxima em termos de elevação espiritual e de modelo de comportamento humano. Em que pese, contudo, essa certeza, Jesus desce do pedestal espiritual em que o colocamos, para se importar com a febre da sogra de Pedro. Aquele que é o condutor do processo de espiritualização da humanidade não fechou os olhos para aquela mulher, cujo nome sequer é mencionado no Evangelho. Era a sogra de Pedro, simplesmente. As mulheres eram tão desprezadas naquele tempo! Mas, para Jesus, aquela senhora era a pessoa mais importante que havia naquele momento.

O Nazareno entrou na casa de Pedro e viu a mulher acamada, febril. Ele, provavelmente, estava com fome e cansado, pois havia ensinado muitas coisas no Sermão da Montanha, depois a multidão o acompanhou e ele realizou curas importantes. Poderíamos achar que Jesus, estando exausto e faminto, e tendo assuntos mais importantes a tratar, não se importaria com uma questão tão banal para os homens da época: febre de mulher.

Mas não! Jesus, ao entrar na casa de Pedro, vai imediatamente cuidar da enferma. Ele a toca, e a febre cessa. Esse é o amigo Jesus! Ele deseja construir um mundo novo, sim, não há dúvida, mas está realizando essa tarefa com as pessoas e, por isso, se torna amigo delas, cuidando de suas necessidades. Jesus é um homem de cuidados! Ele não usa as pessoas; ele as ama a partir de uma amizade que se constrói em nossos episódios do cotidiano. Um mundo fraterno só pode ser construído com pessoas fraternas, e o primeiro passo para isso é a amizade que se edifica entre elas. Jesus deu esse passo ao proclamar, com palavras e atitudes, que é nosso amigo.

Neste exato instante, Jesus não está apenas preocupado com o que se passa com os líderes das nações, com as guerras, com a violência que ainda campeia no mundo, com a devastação da natureza, que ameaça a vida no planeta. Ele também se preocupa com os nossos problemas individuais, como a febre de nosso filho, com o armário da despensa vazio, com a falta de emprego do marido, com a saúde do nosso cônjuge, com a segurança da nossa família. Precisamos trazer esse Jesus para perto de nossa vida, acreditar na sua amizade e crer no seu amparo.

Outro detalhe importante nessa passagem resulta da observação de que, ao curar a sogra de Pedro, o Evangelho registra que ela passou a servir Jesus e seus amigos. Posso imaginar que, tão logo cessada a febre, a mulher se levantou e foi preparar a mesa para que Jesus e seus amigos fizessem a refeição. Não estaria aí uma lição interessante para quando estamos diante de Jesus pedindo uma cura? Ele fez cessar a febre da sogra de Pedro a fim de que ela realizasse a missão que Deus havia confiado a ela. E nós, queremos a cura para quê? Para continuarmos distantes da missão que recebemos? Para continuarmos revoltados, nos queixando da vida, procurando sempre um culpado para o nosso sofrimento? Jesus curou aquela mulher para que ela servisse! E quanto a nós, a nossa vida serve para quem?

Jesus é o mesmo hoje, ontem e sempre, conforme escreveu o Apóstolo Paulo.[24] Ontem, como hoje, ele continua visitando os nossos lares, e o faz na condição de amigo. Fecho os olhos agora, e coloco-me a pensar no que Jesus de Nazaré faria, se entrasse em sua casa neste instante...

---

[24] Hebreus 13, 8.

Meu bom amigo.

Vim buscar abrigo em sua casa.

Ontem, como hoje, eu não tenho onde repousar a cabeça.

Meu lar é o lar dos meus amigos, e hoje me deu muita saudade de você!

Algo me dizia que você estava precisando de mim.

Aqui estou!

Você me parece aflito... Está cansado, não é? Eu bem sei o que o aflige, por isso vim aqui como amigo, para lhe oferecer a minha paz.

Quero passar em cada cômodo de sua casa, tocar todos de sua família, sobretudo aqueles que mais o preocupam.

Quero abençoar a sua mesa de refeição, para que jamais falte o pão de cada dia.

Estou abençoando os talentos de cada um, para que nunca lhes falte a oportunidade do trabalho.

Toco cada um de vocês com as minhas mãos amigas, para que a bênção da saúde os envolva.

Manifesto a minha paz nesta casa, para que o entendimento e a concórdia permeiem o clima em que vocês passarão a viver.

Deixo um pedaço de mim nesta casa, para que nunca se esqueçam de que, se ontem morri por vocês na cruz, hoje continuo me doando, para que vocês tenham vida, e vida em abundância!

Voltarei outras vezes, amigo...

Por que vocês estão assustados? Por que há tantas dúvidas na cabeça de vocês? Olhem para minhas mãos e para os meus pés e vejam que sou eu mesmo.[25]

---

[25] Lucas 24, 38.

Mestre amigo. Como somos descrentes da sua presença em nossa vida! Como acreditar que o médico esteja distante do doente grave ou que o professor esteja fora da sala de aula? Você é nosso médico e nosso mestre! Ajude-nos a não fugir da sala de aula sem ouvir suas lições e a tomar o remédio do seu evangelho todos os dias.

Quero entrar no seu barco

Então Jesus entrou no barco, e seus discípulos o seguiram. Nisso, veio uma grande tempestade sobre o mar, a ponto de o barco ser coberto pelas ondas. Jesus, porém, dormia. Eles foram acordá-lo. "Senhor", diziam, "salva-nos, estamos perecendo"! "Por que tanto medo, homens de pouca fé?", respondeu ele. Então, levantando-se, repreendeu os ventos e o mar, e fez-se uma grande calmaria.

Evangelho de Jesus segundo Mateus[26]

Nessa emocionante passagem do Evangelho, em que os amigos de Jesus tiveram suas vidas ameaçadas por uma violenta tempestade no mar, podemos notar, uma vez mais, a feição amiga do Nazareno, não somente porque ele

---

[26] Mateus 8, 23-26.

os salva do perigo, mas, também, pelas lições que ele deixa para todos aqueles que, inevitavelmente, enfrentam as suas próprias tempestades, em forma de problemas dos mais variados.

Ainda na cidade de Cafarnaum, Jesus havia tido um dia cheio. De manhã e até o anoitecer, ele esteve ao lado dos sofredores do corpo e da alma, num desdobramento de atividades incessantes. Curou inúmeros enfermos, afastou espíritos infelizes que envolviam pessoas consideradas loucas e nunca deixou de falar sobre o Reino dos Céus, ensinando os homens a penetrarem-no pelas portas do coração.

A atividade de Jesus é completa! Ele não é apenas um pregador das verdades eternas, indiferente ao sofrimento do homem. Ao ver as nossas feridas, sejam elas físicas ou morais, Jesus, primeiramente, busca cicatrizá-las com o bálsamo da sua amizade. E, somente depois, vem falar, com doçura, sobre as razões pelas quais o homem se fere, ensinando-nos um caminho onde o amor nos faz viver melhor e em paz. Jesus nunca faz dos nossos erros um palanque para a sua pregação! Ele faz das nossas quedas um motivo para nos levantar. Ele faz do nosso desamor uma razão para nos amar ainda mais. Para Jesus, nós somos mais importantes do que nossos erros, nossas quedas e desenganos.

E, ao anoitecer daquele dia repleto de atividades, Jesus sentiu a necessidade de se recolher, pois, certamente, estava cansado e com sono. Por isso, ele pediu aos discípulos para que fossem para a outra margem do lago. Isso nos leva a concluir que o Nazareno estava às margens do Lago de Genesaré, conhecido também como o "Mar da Galileia" ou "Mar de Tiberíades". Trata-se de um lago de água doce, de grandes proporções, tendo, aproximadamente, 19 quilômetros de comprimento e 13 quilômetros de largura. Certamente, por essa dimensão considerável, é que o lago, muitas vezes, é chamado de "mar".

Tomada a decisão de seguirem para a outra margem do lago, provavelmente para a cidade de Gadara[27], Jesus entrou no barco, e seus discípulos o seguiram, como narra o evange-

[27] Mateus 8, 28.

lista Mateus. Aqui, descortino uma metáfora importante: "entrar no barco com Jesus". Os discípulos poderiam ter tomado outro barco, assim como nós, muitas vezes, seguimos no barco de nossa vida sem a presença do amigo Jesus. E é possível que isso seja determinante, porque, inevitavelmente, as tempestades de dificuldades agitarão o mar de nossa vida, e podem até fazer com que o barco naufrague. A presença ou não de Jesus em nossa vida, então, pode fazer toda a diferença nesse momento: a diferença entre a vida e a morte!

E o barco dos discípulos seguia pelas águas tranquilas quando, inesperadamente, veio uma grande tempestade sobre o mar, a ponto de o barco ser coberto pelas ondas. Assim também acontece conosco muitas vezes. Tudo pode estar caminhando bem em nossa vida e, de repente, surgem problemas tão grandes, que nos deixam temerosos quanto ao nosso destino. Temos a sensação de que o barco vai virar a qualquer minuto, essa mesma sensação que os amigos de Jesus tiveram naquela noite de mar revolto.

Mas o que certamente deixou os discípulos mais aflitos, além da própria situação em si, foi o fato de que Jesus dormia em meio a toda aquela agitação. Posso imaginar a cara de contrariedade dos amigos de Jesus, vendo-o dormir naquele instante de perigo iminente, sobretudo daqueles que não sabiam nadar! Cabe, aqui, pensarmos sobre os motivos pelos quais Jesus dormia, porque, nas tormentas que se abatem sobre nós, chegamos a pensar também que Jesus está dormindo. Seria indiferença dele ao nosso sofrimento? Falta de preocupação com os amigos? Nem uma coisa, nem outra.

Arrisco dizer que, na passagem citada, Jesus dormia por dois motivos: primeiro, porque ele sempre teve total confiança em Deus, confiança no amparo divino, sentimento este que é capaz de neutralizar as nossas preocupações e inseguranças, a ponto de podermos dormir em paz. Geralmente, quando estamos muito preocupados com algum problema, perdemos o sono. Mas Jesus está consciente de que as tempestades que experimentamos são estímulos da vida para que mudemos o rumo de nosso barco. Não são castigos, mas lições destinadas a uma nova orientação de caminho.

A dor não é um fim em si mesma, mas um meio de que a sabedoria divina se vale para que o homem corrija a rota de sua vida. Por isso, Jesus dormia em meio à tempestade! Ele sabia que Deus não queria a morte de seus amigos – apenas desejava que eles, naquele momento, utilizassem seus recursos interiores, adormecidos pelo comodismo, e soubessem enfrentar e vencer a situação aflitiva, e não fossem derrotados por ela. Essa me parece a segunda razão pela qual Jesus dormia. Ele, como nosso amigo, não nos pode substituir em todos os lances da vida, não nos pode tratar como crianças indefesas, como seres impotentes.

Jesus é o amigo que estimula os nossos potenciais. Ele está ao nosso lado, não à nossa frente. Se ele nos protegesse de tudo, se ele nos livrasse de todos os embaraços que criamos com a nossa infantilidade espiritual, ele não seria nosso amigo de verdade, porque estaria cerceando o nosso crescimento. Ele é um orientador da nossa jornada, ensina os melhores caminhos e estratégias para uma vida feliz, mas a luta é nossa! Vez por outra, quando estamos caídos, ele nos levanta, nos põe de pé, restaura nossas forças, mas, logo em seguida, bate em nossos ombros e nos diz, amorosamente, para continuarmos o caminho com a força de nossas pernas, com a lucidez da nossa mente e com o pulsar do nosso coração, embora sempre continue ao nosso lado, observando-nos em silêncio e intervindo quando preciso.

E foi assim que ele agiu com os discípulos que estavam prestes a sucumbir na tempestade. Acordado pelos amigos, Jesus perguntou por que eles estavam com tanto medo, por que tinham tão pouca fé. E, em seguida, repreendeu os ventos e o mar, e fez-se uma grande calmaria. Ao escrever estas linhas, eu observo quantas tempestades têm sacudido o barco de nossa vida, quanto medo e temor, quanta falta de fé de nossa parte! Por isso, corro para acordar Jesus, pedindo a ele que nos salve, porque o nosso barco está afundando. Vejo que ele desperta, mais uma vez, e dirige a mim, a você sua palavra amiga, que se mistura aos ventos fortes, às rajadas dos trovões e ao barulho das águas agitadas...

Por que tanto medo, meu amigo? Onde está a fé que lhe ensinei? Por que se impressiona tanto com a tempestade, quando Deus está segurando o barco de sua vida?

Se o barco está sacudindo, é porque meu Pai quer algo de você, não quer castigos ou sacrifícios, apenas deseja caminhos novos, coração renovado, fé atuante e amor em suas atitudes. Certamente, a sua vida estava afundando em tantas mágoas, ódios, rivalidades e falta de um sentido bonito de se viver.

Era preciso sacudir o barco porque, do contrário, você não acordaria para essas verdades sublimes, e acabaria se deixando afundar em problemas ainda maiores.

Viver é muito mais do que existir!

Viver é sonhar, aprender, crescer, fazer pontes de amizade entre os homens e amar na direção de Deus.

Existir é apenas trabalhar, ganhar, acumular, ostentar, construir muros que nos isolam das pessoas e, um dia, entregar todos esses tesouros perecíveis à morte.

Talvez você ainda esteja dormindo para os sagrados objetivos da vida, e, quando isso acontece, o barco sacode, para que você possa despertar e se transformar.

Sei que seu barco está à beira de virar no mar revolto. Mas eu estou agora repreendendo os ventos e as ondas, para que eles se acalmem. Eu tenho poder sobre o Céu e a Terra, e tudo ficará em paz em sua vida.

No entanto, se eu tenho esse poder, também tenho a expectativa de saber como você, doravante, vai conduzir sua embarcação.

Espero que me chame para navegar com você em seu barco.

Espero que se torne meu amigo, que me ouça tanto quanto eu o escuto em suas súplicas.

Espero acordá-lo para a vida, tanto quanto você tem me acordado quando está em perigo.

Estarei sempre ao seu lado.

E você, estará comigo também?

Se vocês ficarem unidos comigo, e as minhas palavras continuarem em vocês, vocês receberão tudo o que pedirem.[28]

[28] João 15, 7.

Meu Bom Pastor. Muitas vezes lhe pedi coisas, mas não estava unido a você. Suas palavras estavam na minha cabeça, mas não estavam em meu coração. Meus desejos não eram os seus, minha vontade não era a sua. Que, a partir de hoje, eu pergunte mais qual é a sua vontade para mim, para que possamos aumentar a nossa união dia a dia, por toda a eternidade!

Eu preciso de você

HOUVE ENTRE OS DISCÍPULOS UMA DISCUSSÃO, PARA SABER QUAL DELES SERIA O MAIOR. JESUS SABIA O QUE ESTAVAM PENSANDO. PEGOU ENTÃO UMA CRIANÇA, COLOCOU-A JUNTO DE SI E DISSE A ELES: "QUEM RECEBER ESTA CRIANÇA EM MEU NOME ESTARÁ RECEBENDO A MIM. E QUEM ME RECEBER ESTARÁ RECEBENDO AQUELE QUE ME ENVIOU. POIS AQUELE QUE É O MENOR ENTRE VOCÊS, ESSE É O MAIOR".

Evangelho de Jesus segundo Lucas[29]

Imagino a cena: Jesus caminhando com seus discípulos, indo de um lugar a outro, curando, ensinando e conquistando novos amigos. Uma admiração cada vez mais crescente do povo por Jesus, certamente explicada pela maneira sábia com que ele aproximava as pessoas de Deus, pelas curas extraordinárias que realizava, pela

---

[29] Lucas 9, 46-48.

autoridade que tinha sobre os espíritos impuros e pelo poder que manifestava sobre os ventos e as tempestades. Natural, assim, que todo esse prestígio de Jesus de Nazaré fizesse com que os discípulos se sentissem também indiretamente prestigiados e, por conta disso, a serpente da vaidade os envenenasse: qual deles seria o maior de todos?

Jesus percebeu a disputa que se estabeleceu entre os seus amigos mais diretos. Era o momento de intervir, para evitar uma desagregação no grupo, algo que, se acontecesse, poderia dificultar os planos do Nazareno. Jesus não queria ser visto como mais um pregador dentre tantos que surgiam àquela época. Sua plataforma de ação não se resumia ao convencimento pela palavra. Jesus era, sobretudo, um homem de atitude. O amor, eixo central de sua mensagem, não poderia ser uma simples declaração de intenção, um discurso para os outros. Ele precisava viver o que pregava, e foi isso que o distinguiu de todos os demais profetas.

Por isso, a formação de um grupo de amigos que vivesse em regime de amor e fraternidade seria o primeiro sinal concreto de que a mensagem de Jesus não era uma utopia, mas, sim, um caminho possível e o único capaz de levar o homem a viver bem consigo mesmo e com o próximo. Se Jesus não conseguisse formar um grupo fraterno, um grupo que, mesmo com as naturais diferenças entre seus membros, não demonstrasse, na prática, a supremacia do amor sobre o egoísmo, a sua missão poderia estar seriamente comprometida.

Estabelecer quem seria o maior dentre os doze era o cerne da disputa. Jesus, então, não se opôs ao tentame, mas estabeleceu critérios que, segundo creio, surpreenderam os discípulos. Em primeiro lugar, quando todos queriam aparentar grandeza perante Jesus, uma criança é tomada como símbolo de como ele gostaria de ser tratado pelos discípulos. Eu fico imaginando a cara de decepção deles! Eles queriam ser grandes, e Jesus vem com o exemplo da criança!

Sim, o Nazareno quer ser recebido como se recebe uma criança, isto é, na sua essência, pureza e simplicidade! Quando se acolhe uma criança no colo, não se pergunta se ela é importante, rica, inteligente ou poderosa. Acolhe-se a criança, pura e simplesmente, por aquilo que ela é e pela alegria que ela nos desperta.

Por sua vez, a criança também não quer saber se a pessoa que a pega no colo é poderosa, rica ou famosa. Ela, simplesmente, quer sentir em quem a recebe o braço acolhedor, o calor do peito e o sorriso da ternura. E é por esse caminho que Jesus quer se relacionar conosco, um caminho de simplicidade, espontaneidade e afeto. Precisamos nos acautelar para que a ideia da superioridade espiritual de Jesus não faça com que o coloquemos numa posição distante dos homens e, portanto, inatingível. A ideia da criança, trazida por Jesus, sinaliza que ele deseja uma relação de amizade profunda conosco, estando implícita nessa proposta a proximidade e a intimidade que pretende que haja entre ele e nós.

Indiscutivelmente, Jesus é um espírito superior, é o guia e modelo da humanidade.[30] Mas essa superioridade espiritual se humaniza com a pureza de uma criança que se joga de braços

---

[30] Sobre tal afirmação, sugerimos que o leitor consulte *O Livro dos Espíritos*, Allan Kardec, questão n. 625.

abertos para o amigo, acolhendo-o com o coração, transbordando de felicidade, mesmo que esse amigo esteja no pior momento de sua vida. Aliás, o verdadeiro amigo é o que está presente quando o nosso chão desaba, quando nossos sonhos desmoronaram e quando as labaredas da culpa nos consomem os dias e as noites. O amigo Jesus sempre chega nessa hora, com a pureza de uma criança, sem condenações, sermões ou ameaças de castigo. Ele traz o amor de Deus para levantar os caídos, curar-lhes as feridas e mostrar-lhes o caminho da renovação.

O segundo critério apresentado por Jesus aos discípulos que disputavam o título de "maior" entre eles foi esse: "Pois aquele que é o menor entre vocês, esse é o maior". Mais uma decepção aos discípulos, imagino! Creio que entre eles tenha se estabelecido uma disputa pelo poder, pela visibilidade, pelo destaque, decorrentes do exercício da liderança do grupo. Novamente, Jesus não se opôs ao desejo de algum deles se tornar líder dos discípulos. Mas estabeleceu que essa liderança seria exercida por aquele que fosse o menor de todos. E quem seria o menor? Jesus já lhes havia respondido isso em outra oportunidade:

Vocês sabem: aqueles que se dizem governadores das nações têm poder sobre elas. Mas, entre vocês, não deverá ser assim: quem de vocês quiser ser grande deve tornar-se o servidor de vocês, e quem de vocês quiser ser o primeiro deve tornar-se o servo de todos.[31]

Para Jesus, líder é o que serve a todos! Não é o que deseja mandar, mas o que intenciona servir. É uma lição que continua atual. Ninguém aprecia a posição de servo. Gostamos mesmo é de mandar, ordenar, exercer o poder e, de preferência, sem colocar as mãos no serviço. Muitas vezes, julgamos que servir é estar por baixo, é humilhar-se, quando, na verdade, na ótica do amigo Jesus, servir é o maior ato de grandeza. Quem se recusa a servir talvez alimente algum complexo de inferioridade – por tal motivo, essa pessoa é de pouca estatura espiritual, pois se sente humilhada por ajudar

---

[31] Marcos 10, 43-44.

alguém que, na sua limitada visão, está numa condição subalterna.

Aqui, eu me recordo de um dos mais tocantes testemunhos do espírito de serviço e humildade com que eu já me deparei na história do cristianismo. Falo de Isabel de Aragão, rainha de Portugal por volta do longínquo ano de 1280. Mesmo na condição de rainha, "se dedicou aos fracos, cuidou dos enfermos, fundou hospitais e protegeu toda categoria de desvalidos... Quando a querida rainha saía no paço, uma multidão de infelizes a seguia, pedindo socorro, e nunca algum deles se retirava sem ser generosamente atendido. Gostava de cuidar pessoalmente dos leprosos mais repugnantes, tratar-lhes as chagas e lavar-lhes as roupas; encaminhava para uma vida digna os órfãos e as viúvas e até na hora da morte não abandonava os infelizes, para os quais providenciava uma sepultura digna e mandava celebrar missas em sufrágio de suas almas. Como corolário de sua fé inabalável, não poucos eram os doentes que saíam de sua presença inteiramente curados".[32]

---

[32] http://www.arautos.org/artigo/5203/Santa-Isabel-de-Portugal--A-rainha-da-bondade-e-da-paz.html. Acesso em: 12 jun. 2014.

Isabel fazia quase todas essas peregrinações às escondidas do Rei Dom Diniz, que não lhe aprovava os gestos piedosos, por reputá-los incompatíveis com a nobreza de sua condição de rainha. Mas Isabel colocou essa realeza a serviço do próximo. São suas essas palavras: "Deus tornou-me rainha para me dar meios de fazer esmolas".[33] E, por essa postura de serviço ao próximo, o povo português lhe deu o título de "Rainha Santa"! Isabel não se sentia menos rainha por limpar as feridas de um leproso, não se sentia inferior por manter contato fraterno com mulheres voltadas à prostituição. A história registra que a Rainha Santa providenciou muitos recursos para o tratamento de saúde dessas mulheres e, ainda, oferecia trabalho para quem desejasse uma nova vida.

Será que não podemos seguir esse exemplo e colocar a nossa "realeza" a serviço do próximo, seja no lar, no trabalho ou na vida em sociedade? Perante Jesus, servir não é rebaixar-se, como muitos acreditam. Servir é elevar-se

---

[33] http://www.cm-estremoz.pt/ad_conteudos//anexos/fls6_240211112356.pdf. Acesso em: 11 jun. 2014.

espiritualmente, é crescer na direção de Deus, que serve a todos nós.

Como tão bem escreveu a poetisa chilena Gabriela Mistral: "É belo fazer tudo o que os outros se recusam a executar! Não cometas, porém, o erro de pensar que só tem merecimento executar as grandes obras. Há pequenos préstimos que são bons serviços: enfeitar uma mesa, arrumar uns livros, pentear uma criança. Aquele é quem critica, este é o que destrói; sê tu quem serve".[34]

Hoje, o mundo estertora pela ânsia desmedida dos que desejam o poder e a glória a qualquer preço. Seja no microcosmo do lar, seja no macrocosmo das relações internacionais, a disputa havida entre os discípulos de Jesus se repete. O desejo de supremacia, superioridade, mando e poder tem balizado as relações humanas, quase sempre levadas ao espinheiro da discórdia, da guerra e da destruição. Jesus propôs um novo modelo, em que o espírito de serviço é o que faz uma pessoa grandiosa, desde que ela conserve a candura de uma criança.

---

[34] http://www.momento.com.br/pt/ler_texto.php?id=3051&stat=0. Acesso em: 11 jul. 2014.

Hoje, como ontem, ainda é possível ouvir a voz melodiosa de Jesus conclamando os amigos ao serviço redentor da humanidade...

Amigo, saiba que, quando você veio a este mundo, fui eu quem autorizou o seu nascimento no planeta, e fiz isso com muita alegria e esperança!

Você era como um menino que precisa entrar na escola da vida, e eu abri as portas para o seu aprendizado.

Eu tinha muita confiança de que você seria um bom aluno, e continuo acreditando nisso.

Planejamos o lar onde você nasceria, as pessoas com quem conviveria, os recursos de que disporia e, até, as dificuldades que enfrentaria. Tudo foi arquitetado para que o seu aprendizado fosse aplicado nas suas vivências pela Terra.

Seu trabalho, sua família, seus amigos, suas posses, sua religião, seus estudos, enfim, tudo lhe foi dado por meu Pai para que você fosse um multiplicador de talentos.

E o que ontem ensinei volto a repetir hoje, com maior ênfase ainda: não enterre os seus talentos! Coloque-os a serviço do seu irmão! Não se esqueça de que você é parte de um todo, é galho de uma árvore com outros tantos galhos, é uma gota d'água que se junta a tantas outras no oceano de Deus.

A vida só ganha sentido quando nos sentimos integrados ao todo.

O egoísmo é o maior entrave à felicidade do homem, porque ele o isola do conjunto harmonioso de Deus, perdendo-se, com essa atitude, toda a riqueza de emoções, sentimentos e alegrias que só podem nascer do intercâmbio amoroso entre os homens.

Hoje, eu vim à sua presença para trazê-lo de volta ao campo da vida, para fortalecer a nossa amizade.

Eu tenho outros amigos na Terra, que estão precisando das suas mãos, estão precisando dos seus talentos. É só olhar à sua volta para descobrir quem são esses irmãos! Eles me chamam, precisam de mim, mas eu preciso de você para ajudá-los! Eu só posso socorrê-los através das suas mãos, da sua boca, dos seus olhos, da sua inteligência. Eu não quero fazer isso sozinho. Aliás, certamente, nem conseguiria, porque a vontade de Deus é que todos se tornem cristos também!

Escute! Estou ouvindo um grito de dor! Ouço o choro de uma criança faminta, vejo as lágrimas de um idoso abandonado, o desespero de um jovem se entregando às drogas... Eu preciso ampará-los, pois é o amor que me chama. Mas já não posso ir sozinho outra vez e, por isso, decidi vir chamá-lo para me acompanhar.

Você precisa de mim? Estou aqui. Mas eu também preciso de você, meu amigo. Alguém precisa de nós...

Eu sou manso e humilde de coração.[35]

[35] Mateus 11, 29.

Amado amigo. Você é o espírito mais grandioso que já pisou no chão da Terra e, mesmo assim, se declara manso e humilde. Jesus carpinteiro, Jesus filho de José e Maria, Jesus amigo de pescadores, Jesus que lavou os pés dos amigos, que perdoou seus ofensores. Sei que você deseja que eu me pareça com você, que eu tenha um coração igual ao seu. A cada dia quero ficar mais parecido com você.

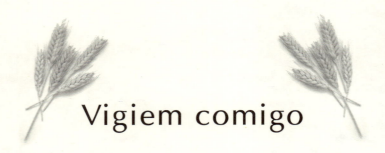

Vigiem comigo

"Minha alma está numa tristeza de morte. Fiquem aqui e vigiem comigo". Jesus foi um pouco mais adiante, prostrou-se com o rosto por terra e rezou: "Meu Pai, se é possível, afaste-se de mim este cálice. Contudo, não seja feito como eu quero, e sim como tu queres".

Evangelho de Jesus segundo Mateus[36]

Estou certo de que esse foi um dos momentos em que a figura humana de Jesus ficou praticamente escancarada: os instantes que antecederam a sua prisão e morte. Depois da última ceia, Jesus foi com seus discípulos para o Monte das Oliveiras, situado no lado leste de Jerusalém. O lugar recebeu esse nome pelas oliveiras que, à época, encobriam as suas encostas. Creio que Jesus deve ter escolhido esse

---

[36] Mateus 26, 38-39.

lugar distante da agitação urbana para se sentir mais ligado a Deus, junto às paisagens calmas do Monte das Oliveiras, onde estaria pela última vez junto de seus amigos. No momento da maior tensão de sua vida, o amigo Jesus não queria ficar sozinho. Ele buscou o encontro com Deus junto à natureza, mas não dispensou o calor da amizade de seus discípulos.

Depois de anunciar a eles tudo o que lhe aconteceria, Jesus sentiu necessidade de orar. Nada mais compreensível e humano para quem sabia que, em poucas horas, enfrentaria os mais cruéis sofrimentos físicos e morais, que culminariam com a morte dolorosa na cruz. Ali mesmo, no Monte das Oliveiras, Jesus, seguido de Pedro, Tiago e João, dirigiu-se a um local chamado Getsêmani, que era um jardim onde o fruto da oliveira era prensado. De certa forma, o nome não poderia ser mais representativo do momento de agonia: Jesus estava sendo fortemente "prensado" pela força do medo que o esmagava. Narram as escrituras que ele foi tomado de uma tristeza mortal. Era preciso orar, e muito.

Caído de joelhos e com o rosto olhando para a terra, Jesus suplicou a Deus: "Meu Pai, se é possível, afaste-se de mim este cálice. Contudo, não seja feito como eu quero, e, sim, como tu queres". Quando terminou a oração, ainda tomado de profunda angústia, Jesus olhou para os discípulos e os encontrou dormindo, o que fez com que ele desabafasse, demonstrando seu desapontamento com os amigos: "Como assim? Vocês não puderam vigiar nem sequer uma hora comigo?". Consta do Evangelho que Jesus ainda repetiu a mesma oração mais duas vezes, e em todas os discípulos dormiram. Momentos depois, Judas chegou acompanhado de uma multidão armada de espadas e paus, a mando dos chefes dos sacerdotes, e Jesus acabou sendo preso.

O que nos revela essa passagem tão tensa da vida de Jesus? Muitas coisas, certamente. Mas eu gostaria de frisar, como deixei expresso no início do capítulo, os aspectos humanos tão marcantes em Jesus, os quais fazem dele o grande amigo de todos nós, pois só alguém que sentiu, no corpo e na alma, os maiores tormentos que alguém poderia experimentar é que está habilitado a compreender o sofrimento humano, a entender as nossas fragilidades e a oferecer caminhos de superação de nossas dores.

Está claro no Evangelho que Jesus sentiu medo ao saber que sua prisão estava próxima, bem como que uma tristeza mortal se apoderou dele, certamente por saber também que a prisão era apenas o primeiro passo para as grandes dores que se seguiriam até a morte. Quando, de nossa parte, sentimos medo diante dos desafios que nos parecem gigantes demais para serem enfrentados, e quando a tristeza nos envolve nas sombras do fracasso, o amigo Jesus está por perto e atento, compreendendo tudo o que estamos sentindo, pois ele mesmo experimentou o cálice amargo do sofrimento, bebendo-o até a última gota.

Jesus foi tão humano, que chegou a pedir a Deus, por três vezes, que, sendo possível, aquele cálice de amarguras fosse afastado dele. Está claro que ele não queria sofrer, não desejava passar pelas cruéis atribulações que o aguardavam. Mas Jesus foi também divino, ao falar a Deus que, caso não fosse possível afastar o sofrimento que se aproximava, ele se curvaria à vontade do Pai. Como se curvou, como sofreu sem reclamar, como suportou calado os pregos, os espinhos e o escárnio dos soldados! E como nós, às vezes, reclamamos por tão pouco...

Diante da cruz que cada um carrega, peçamos a Deus, como Jesus fez, que nosso fardo seja tirado. Entretanto, se carregar o fardo for fundamental para o nosso bem mais adiante, peçamos a Deus as forças necessárias para levá-lo sem tantas queixas e reclamações, que só fazem pesar mais a nossa cruz. Nossas provações são meios de que Deus se utiliza para extrair a nossa melhor parte, o melhor em nós que, voluntariamente, não haveria meio de aflorar, ou porque a vida caminha fácil demais ou porque vivemos acomodados, medrosos ou indiferentes a qualquer tentativa de crescimento. Nesses momentos, é preciso aumentar a temperatura da água, para que a agitação das moléculas dos nossos talentos faça evaporar a luz divina que habita o nosso ser.

Quando o sofrimento for inevitável, podemos aprender com Jesus a deixar a nossa cruz mais leve. Três atitudes ele deixou de exemplo para nós no Monte das Oliveiras:

1) Oração.
2) Aceitação da vontade de Deus.
3) Compreensão de que a dor está construindo algo melhor em nós mesmos.

Passados mais de dois mil anos, imagino que Jesus continue orando a Deus com os mesmos sentimentos que o envolveram no Getsêmani...

Meu Pai.
Hoje, como ontem, ainda tentam me prender.
Amigos me traem.
A lição do amor ainda não foi compreendida por meus irmãos na Terra.
Muitos ainda preferem a guerra, a acusação, a culpa, a separação e o ódio.
Será que eles não perceberam que eu morri de braços abertos na cruz?
Por que acusar, julgar e punir, se podemos entender, perdoar e amar?
Quanto sangue ainda vai ser derramado?
Quantas vidas ainda se perderão pelo desejo de supremacia, quando eu ensinei que o maior dentre todos é aquele que serve?
Pai amado!

Ainda me sinto triste ao saber que meu amor será preso e crucificado novamente.

Choro lágrimas de suor e sangue ao ver nações guerreando entre si, ao ver filhos matando pais, ao observar lares esfacelados pelo egoísmo.

Sofro ao enxergar homens do poder governando no interesse próprio, em detrimento de milhares de criaturas, que estão morrendo sem as mínimas condições de sobrevivência.

O amor continua dependurado na cruz, Pai!

Pai querido, a minha maior tristeza, porém, não é ver todas essas coisas sendo cometidas por homens que ainda não se tornaram meus amigos. A minha dor maior é ver que meus amigos não estão vigiando comigo, tal qual aconteceu no Jardim das Oliveiras. Amigos que já me conhecem, que pronunciam meu nome, que pedem o meu socorro, que sabem e ensinam aos outros as minhas lições, mas que continuam omissos diante de tanto desamor na face da Terra!

Eu não desejo que eles sejam heroicamente assassinados na cruz, como eu, mas que eles não matem o amor em suas vidas. Que não abafem o amor em seus relacionamentos, em seus lares, em suas profissões e nos templos de fé onde buscam o contato do Alto.

Sabe, Pai, o que eu gostaria mesmo é que meus amigos crucificassem o egoísmo que ainda carregam na alma. Esse egoísmo é o que os deixa frios, insensíveis, orgulhosos, não permitindo que o amor cresça e os faça felizes.

Eu oro a ti, Senhor, para os meus amigos que estão frios no amor, estão distantes, formais demais, vivendo uma espécie de amor asséptico, inodoro e insosso. Que eles despertem para o amor que é caloroso, cuidadoso e que tenha o perfume da fraternidade.

Pai amado, vejo os guardas se aproximarem outra vez!

Lá vêm eles querendo me prender novamente! Onde estarão meus amigos, Pai? Onde estarão? Acorde-os, por favor...

Eu sou a luz do mundo; quem me segue nunca andará na escuridão.[37]

[37] João 8, 12.

Jesus de Nazaré. Não desejo mais andar na escuridão. Hoje, busco a sua luz nos ensinamentos que você nos deixou. Não posso mais dizer que estou perdido, se tenho você como meu melhor amigo.

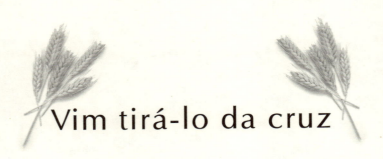

Vim tirá-lo da cruz

EU LHE GARANTO: HOJE MESMO VOCÊ ESTARÁ COMIGO NO PARAÍSO.

Evangelho de Jesus segundo Lucas [38]

Se uma pessoa se deparasse com essa passagem do Evangelho que acima transcrevi, provavelmente, interpretaria que Jesus fazia a promessa do Paraíso a uma pessoa cheia de virtudes. Mas não foi o caso. Ampliando a leitura da narrativa de Lucas, constatamos que Jesus assegurou o Paraíso a um malfeitor, para escândalo e surpresa de muitos que, até hoje, não compreenderam as palavras do Nazareno, sempre envoltas no manto da compaixão.

Para situar o caso, lembremos que Jesus foi crucificado entre dois criminosos,

[38] Lucas 23, 43.

provavelmente envolvidos com o delito de roubo. Um deles insultava Jesus, dizendo que, se ele fosse, de fato, o Messias, que se salvasse da crucificação, salvando também os que com ele iriam morrer. O outro, porém, repreendia o companheiro revoltado, afirmando que, para eles, a pena era justa, mas que Jesus não merecia o castigo cruel, porque nada havia feito de mal.

Esse mesmo homem, a quem a história acabou dando o título de "o bom ladrão", voltou-se para a cruz do Mestre e pediu a Jesus que se lembrasse dele quando estivesse no Reino dos Céus. A face amiga de Jesus, mais uma vez, abriu-se em palavras de profunda compaixão: "Eu lhe garanto: hoje mesmo você estará comigo no Paraíso". Esse gesto de Jesus me leva às lágrimas, me emociona, me ensina coisas importantes, que preciso aprender! Quanto amor ele demonstrou à criatura humana! Não nos esqueçamos das circunstâncias em que tudo isso ocorreu: Jesus e os malfeitores não estavam conversando distraídos num bar. Eles estavam dependurados na cruz, sofrendo dores horrendas, dores que, por sua intensidade, eram capazes de tirar o controle emocional de qualquer um.

Mas Jesus, insultado pelo malfeitor rebelde, nada respondeu aos ataques, tampouco às zombarias e ultrajes dos soldados. Jesus mantinha a calmaria interior em meio às mais fortes tempestades de sua vida. Ele estava seguro da sua missão, sabia que estava cumprindo a vontade de Deus e não se impressionava com as agressões recebidas, tendo sido capaz, ainda, de orar, pedindo a Deus que perdoasse os que o feriam, porque não sabiam o que estavam fazendo. Jesus não via maldade nos homens, apenas ignorância, e essa visão, humana e divina ao mesmo tempo, fez com que ele encontrasse serenidade em meio ao caos.

Dessa atitude de Jesus extraímos um ensinamento fundamental para o nosso equilíbrio: nossa verdadeira segurança é interna e advém da certeza de que estamos cumprindo a nossa missão de vida, da confiança que temos em Deus e da postura de não entrarmos no jogo da maldade, que muitas pessoas, por ignorância, ainda gostam de fazer. Jesus estava na cruz, sofrendo amargamente, física e moralmente, mas se manteve sereno e confiante na vitória do amor sobre a maldade. Jesus sempre triunfa sobre o mal, tanto é que, dois mil anos depois de sua passagem, estamos falando dele, pensando nele e, sobretudo, precisando dele, hoje mais do que nunca!

Aonde o ódio poderá levar o homem?

Aonde a guerra poderá levar as nações?

Aonde a ganância poderá levar a humanidade?

Os fatos respondem a essas perguntas. A despeito de todo o progresso científico e tecnológico, o homem está cada vez mais doente, gastando cada vez mais com remédios. Os homens continuam se matando cruelmente. Mudaram as armas, mas a violência ainda predomina na sociedade. O egoísmo avança, e os homens se distanciam cada vez mais uns dos outros, aniquilando-se. Os recursos tecnológicos da vida moderna isolaram as pessoas dentro de suas próprias casas, dentro do mundo íntimo de cada um. O toque e o contato humano do abraço, do aperto de mão, do "olho no olho" vão sendo paulatinamente substituídos pelos recursos virtuais. O planeta Terra está doente, os recursos hídricos escasseiam, o clima parece ter enlouquecido, a poluição espalha nuvens de enfermidades e encobre o céu azul que Deus pintou para as criaturas.

O teólogo e escritor Leonardo Boff afirma que "estamos vivendo uma crise civilizacional, que aparece sob o fenômeno do descuido, do descaso e do abandono, numa palavra, da falta de cuidado".[39] Por isso, a proposta de Jesus de amarmos uns aos outros continua atual e urgente! A paz no mundo começa dentro dos lares, mas nasce no coração de cada um de nós. Precisamos ter um coração que ama, e um coração que ama é aquele que cuida do ser amado. A Terra precisa de cuidado, os lares também, e os homens, mais ainda! O amigo Jesus cuida de cada um de nós, mas também apela para que o nosso coração seja uma manjedoura para os que, vivendo à nossa volta, também precisam de cuidado.

Jesus cuida do crucificado que se aproximou dele com o desejo de renovação. Ao malfeitor rebelde, o Nazareno silencia, cala-se, e espera

---

[39] *Saber Cuidar*, Editora Vozes.

a melhor hora para ajudá-lo. Mas àquele que já entendeu o seu erro e que deseja um novo caminho, Jesus lhe abre as portas do Paraíso. Muitos não compreendem essa atitude de Jesus. Como admitir no Paraíso alguém que viveu para o crime, prejudicando as pessoas? Há de se observar, porém, que aquele homem estava expiando seus erros com a própria vida, estava quitando seus débitos para com a sociedade de uma forma mais do que necessária.

Com raras exceções, ninguém hoje no mundo seria sentenciado com a pena de morte por delito de roubo. Além do mais, o "bom ladrão" havia demonstrado a consciência de seus equívocos, tendo pedido a Jesus que se lembrasse dele no Reino dos Céus. Ele queria uma vida nova, ele também queria entrar no Paraíso, e Jesus escancarou as portas para ele. Nós, talvez, teríamos abandonado o criminoso arrependido à própria sorte, não cuidaríamos dele. Mas Jesus o ama, e deseja para ele a mesma felicidade que deseja para nós. Jesus não o marca com o sinal do "criminoso para sempre". Jesus o vê como o "amigo para sempre". Esse tratamento dado pelo Nazareno fez com que o "bom ladrão" já entrasse no paraíso naquele instante; o paraíso de se sentir acolhido por Jesus, apesar de todos os erros cometidos, o paraíso da sensação de poder recomeçar a vida, o paraíso de não ser rotulado como criminoso para todo o sempre.

Provavelmente, hoje, também estamos dependurados na cruz de nossos sofrimentos. E não estamos sós. Olhemos ao lado, e veremos Jesus também sofrendo conosco. De certa forma, ele continua na cruz, porque os homens continuam crucificando uns aos outros, por falta de amor. Mas, vendo Jesus ao nosso lado, sofrendo conosco, raciocinemos como o "bom ladrão", dizendo que nossas dores são justas, porque temos andado distantes do amor, do cuidado com o próximo, da justiça e da caridade. E, assim, peçamos ao Nazareno que se lembre de nós ainda hoje, porque precisamos também sair da cruz e entrar no paraíso de uma nova vida. Tenho a certeza inabalável de que nossas súplicas não ficarão sem resposta...

Estou aqui, bom amigo.
Sofro com você, choro com você.
Mas me animo, na esperança de que a dor é experiência passageira e termina tão logo o espírito se renda aos caminhos da renovação pelo amor. Essa tem sido a minha missão junto a vocês: tirá-los da cruz do sofrimento e abrir-lhes as portas do paraíso. E isso seria tão fácil, se meus amigos trocassem a maldade pela bondade!
Falo com você nas linhas deste livro, porque meu amor não encontra barreira para socorrer quem quer que seja.
Quando uma porta se abre, eu entro.
Quando um coração abre uma simples fresta, eu me faço presente.
Quando alguém estende a mão ao próximo, eu aperto as duas.
Quando uma alma bondosa oferta um prato de comida, eu alimento os dois.
Quando um coração perdoa, eu liberto a vítima e o culpado.
Eu não julgo, apenas compreendo.
E sempre aguardo o seu coração se abrir para mim, como se abriu o do amigo que comigo foi crucificado. E ele entrou mesmo no paraíso de

uma vida nova, pois, desde então, tem me ajudado a construir um mundo novo, sem crimes e castigos, guerras e violências.

"Entrar no Paraíso" é acabar com as suas guerras interiores, é afastar-se das atitudes que podem gerar inimizades, ódios e contendas.

Hoje, vim até você, para propor que solte as pedras que você tem na mão.

Venho para tirar os espinhos da culpa que estão em sua mente.

Venho para tirar o fel de sua boca e derreter o aço em seus olhos.

Venho para mostrar que você faz parte da grande família de Deus, que os homens são seus irmãos, e que você os deve tratar com todo o amor possível.

Venho para libertá-lo da cruz, para que você não volte à mesma vida que o levou à crucificação.

Eu tenho um caminho novo para você, que nada mais é do que um jeito diferente de viver.

Não mais guerras, não mais desamor, não mais descuido para os que estão à sua volta!

Eu quero que você seja meu seguidor e que você, doravante, me ajude a cuidar das pessoas que ainda estão na cruz.

Será que eu poderei dizer, como disse ao "bom ladrão", que hoje você estará comigo no Paraíso?

Quem ouve esses meus ensinamentos e vive de acordo com eles é como um homem sábio que construiu a sua casa na rocha.[40]

[40] Mateus 7, 24.

Amigo Jesus. Quero ouvir sua palavra e peço que me ajude a não esquecê-la em meus pensamentos, palavras e atitudes, você que é o amigo de todas as horas.

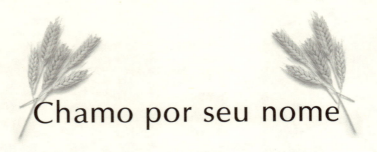

Chamo por seu nome

EM DAMASCO, HAVIA UM DISCÍPULO CHAMADO ANANIAS. O SENHOR O CHAMOU NUMA VISÃO: "ANANIAS!" E ANANIAS RESPONDEU: "AQUI ESTOU, SENHOR!"

Atos dos Apóstolos[41]

Esse diálogo de Jesus com Ananias me sensibiliza a alma ainda endurecida! Recuando ao tempo em que Jesus já havia sido crucificado, vamos nos deparar, na tela viva das escrituras sagradas, com Jesus indo ao encontro de um discípulo seu chamado Ananias, residente em Damasco, cidade para onde muitos cristãos haviam se refugiado, em razão das perseguições comandadas pelo jovem e enérgico rabino Saulo de Tarso contra os seguidores do Carpinteiro de Nazaré.

---

[41] At 9, 10.

Ananias era um homem piedoso e que gozava de excelente reputação entre os judeus.[42] Jesus surge, então, à visão espiritual de Ananias. Crucificado, mas não morto, Jesus prosseguia com sua missão, como prossegue hoje e como fará, até o fim dos tempos.[43] Um detalhe que talvez passe despercebido, mas que, para mim, é de muita importância, reside no fato de que, ao se aproximar do discípulo, Jesus o chama pelo nome: "Ananias".

Jesus conhece o nome dos seus amigos, como conhece o meu e o seu que me lê neste instante. Tenho certeza de que, se você está com este livro às mãos, o Nazareno o está chamando neste momento! Ele quer conversar com você! E o que desejará Jesus? Vamos tentar descobrir, e acredito que um bom caminho para isso seja entender o motivo pelo qual ele procurou Ananias.

Para tentar responder a essa questão, é preciso rever um outro fato importante. Dias antes daquele encontro com Ananias, Jesus havia

---

[42] At 22, 12.
[43] Mateus 28, 20.

tido outro encontro, não exatamente com um discípulo seu, mas com aquele que, à época, era o maior inimigo dos cristãos: Saulo de Tarso. De origem judaica, rabino de expressão e pertencente ao grupo dos fariseus, Saulo de Tarso via nos ensinamentos de Jesus uma perigosa ameaça às tradições religiosas vigentes, sobretudo porque, depois da crucificação, os cristãos propagavam a ideia de que Jesus havia ressuscitado. Para o doutor de Tarso, isso era uma heresia das mais graves e que precisava ser combatida a qualquer custo.

Além do mais, chegavam notícias em Jerusalém da atuação marcante de Ananias como fiel seguidor do Nazareno nas terras de Damasco, razão pela qual Saulo de Tarso, com autorização do Sinédrio[44], pessoalmente, dirigiu-se à extensa planície da Síria, acompanhado de alguns servidores, com o objetivo de enfraquecer o movimento cristão nascente e de calar a voz

---

[44] Entre os antigos judeus, tribunal que julgava questões criminais ou administrativas (Aurélio, Dicionário da Língua Portuguesa, Editora Positivo).

de Ananias. E, se preciso fosse, Saulo tinha ordens para prender e matar!

No caminho de Damasco, porém, Saulo tem um encontro que mudaria sua existência para sempre. Enquanto projetava no pensamento uma espécie de filme de sua vida, com todas as suas alegrias e tristezas, tentando entender o motivo pelo qual não se sentia feliz e realizado, apesar de ser um homem de poder e prestígio, Saulo vê-se envolvido por estranhas sensações. Uma luz totalmente diferente da tonalidade solar o envolve da cabeça aos pés. Inesperada vertigem lhe tira o equilíbrio e ele tomba do animal. Aturdido e confuso, Saulo vê surgir a figura de um homem de rara beleza, vestido numa túnica cintilante e com o semblante transbordante de simpatia e amor. De joelhos, Saulo indaga:

"Quem és tu, Senhor?" A voz então lhe responde: "Eu sou Jesus, a quem você está perseguindo. Agora, levante-se, entre na cidade, e aí dirão o que você deve fazer".[45] Saulo chorava compulsivamente. Todas as suas ideias a respeito do Nazareno haviam caído por terra!

[45] At 9, 4-6.

Ele estava frente a frente com a figura magnânima de Jesus. A história da ressurreição não era uma lenda. Era real! E somente um amor incomparável seria capaz de ir ao encontro daquele que se tornara o perseguidor implacável dos cristãos. Saulo tomaria a grande decisão de sua vida: dali em diante, procuraria seguir o Cristo, com todas as suas forças. O perseguidor Saulo estava morto, para a glória do Rabi da Galileia!

Saulo levantou-se do chão empoeirado, já não mais avistando a figura luminosa de Jesus. Seus olhos estavam mergulhados num mar de sombras e ele perdera a visão. Amparado pelos amigos, que pouco ou quase nada compreenderam sobre o ocorrido, Saulo foi levado a uma pensão em Damasco, onde ficou em repouso por três dias, meditando sobre o seu encontro com Jesus, orando para que ele o curasse da cegueira e lhe indicasse o caminho que deveria tomar a partir de então.

E Jesus tinha um plano para o novo amigo Saulo de Tarso. Um plano que envolvia não apenas projetos para o futuro, mas, também, preciosas lições para o presente. É aqui que vamos entender o motivo pelo qual Ananias foi procurado por Jesus: Saulo estava cego e desorientado. O próprio Jesus poderia resolver o problema, isto é, surgir novamente ao novo amigo, curando-o e orientando-o. Mas o Nazareno pede que Ananias faça isso, exatamente o homem que Saulo pretendia prender e matar. Quantas lições de perdão e amor Jesus ministrou ao solicitar que a "presa" fosse abençoar o "caçador"! Mesmo temendo um contato com o temeroso Saulo de Tarso, dada a sua reputação de perseguidor implacável dos cristãos, Ananias atende ao pedido de Jesus:

"Então Ananias saiu, entrou na casa e impôs as mãos sobre Saulo, dizendo: 'Saulo, meu irmão, o Senhor Jesus, que lhe apareceu quando você vinha pelo caminho, me mandou aqui para que você recupere a vista e fique cheio do Espírito Santo'. Imediatamente caiu dos olhos de Saulo alguma coisa parecida com escamas, e ele recuperou a vista".[46]

---

[46] At 9, 17-18.

Não quero me fixar tanto na conversão de Saulo de Tarso. Desejo, neste capítulo, aprender com Ananias. Tão logo procurado por Jesus, Ananias responde: "Aqui estou, Senhor!" Que prontidão! Que entrega! E eu fico a pensar em quantas vezes Jesus tem nos chamado e, até hoje, está sem uma resposta de nossa parte! Quando alguém nos veio pedir um favor, era Jesus quem nos chamava! Quando alguém bateu à nossa porta pedindo um prato de comida, era Jesus quem falava o nosso nome! Quando pediram a nossa ida ao hospital para visitar o amigo adoentado, era Jesus quem nos solicitava cooperação! Quando um desafeto nos procurava pedindo perdão, era Jesus quem nos chamava ao entendimento!

Em todas essas ocasiões benditas, era Jesus quem estava diante de nós, disfarçado de sofrimento. E nós, ao contrário de Ananias, respondemos: "Não estou aqui, Senhor", embora depois, em vista das nossas dores, procuremos Jesus, ajoelhados diante da cruz, para lhe rogar amparo. Ele, que estava vivo diante de nós, deixamo-lo seguir só, sem a nossa amizade.

Geralmente, negamos socorro, dizendo que temos muitos problemas, que não temos posses, saúde ou cultura para ajudar quem quer que seja. Mas, por acaso, Ananias era algum privilegiado da Terra? Certamente não era! Consta que ele era sapateiro, provavelmente, portanto, homem de poucos recursos materiais, e de idade bem avançada.[47]

Ainda assim, Ananias aceitou o desafio que Jesus lhe propôs: procurar o maior perseguidor dos cristãos! Ananias chegou até a fazer essa ponderação a Jesus, quanto ao perigo da missão. No entanto, o Nazareno foi enfático: "Vá, porque esse homem é um instrumento que eu escolhi para anunciar o meu nome...".[48] O discípulo, embora receoso, não recuou. Cumpriu a tarefa. Encontrou Saulo e libertou-o da enfermidade, solidificando a conversão daquele que seria, até os tempos modernos, o maior divulgador do Evangelho: o incansável e imbatível Apóstolo Paulo de Tarso. Paulo

---

[47] Informações colhidas na magnífica obra *Paulo e Estevão*, pelo espírito Emmanuel, psicografia de Francisco Cândido Xavier, FEB.
[48] At 9, 15.

foi um gigante do Evangelho, mas nada disso talvez tivesse sido possível sem a participação marcante de Ananias, o amigo com quem Jesus contou para a conversão de Saulo em Paulo.

Neste último capítulo, eu acredito que, de alguma forma, Jesus veio me procurar. Estou muito longe de me equiparar à grandeza de um Ananias. Mas estou certo de que Jesus queria chegar até você que me lê da mesma forma que chegou a Saulo, através de Ananias. Estou convicto de que Jesus queria me ajudar em minhas dificuldades, e ele me disse ao coração...

De Lucca.
Eu preciso que você vá procurar os meus amigos que estão dispersos. Eles estão sofrendo, precisam de ajuda. Vá procurá-los em meu nome, cure-os da cegueira espiritual que momentaneamente os envolve. Muitos se distanciaram de mim, porque as religiões me colocaram tão longe dos homens, justo eu, que sempre desejei estar perto de cada um dos meus amigos!

Diga a eles que não tenho pedras e nem condenações, só o calor da minha amizade.

Fale que não tenho um Paraíso para dar a cada um, mas que tenho caminhos que, juntos, poderemos trilhar, na construção de um mundo melhor.

Proclame que eu não quero um Céu só para mim – eu quero um Céu para todos! Essa é a missão que meu Pai me deu, levar todos para o Paraíso, que começa a ser construído aqui na Terra mesmo.

E fale bem alto que não peço santidade a ninguém. Eu peço apenas a boa vontade de cada um, que nada mais é do que a vontade de ser bom.

Esclareça que não quero sacrifícios; quero risos, abraços e todos comendo do mesmo pão e bebendo do mesmo vinho!

Não quero culpa, mas peço consciência.

Desejo um mundo sem castigos, mas de homens responsáveis.

Quero uma festa sem excluídos, um mundo sem barreiras, sem preconceitos e que a única religião seja o amor!

Seja portador desta mensagem, meu amigo De Lucca, pois, através dela, eu chegarei a muitos outros amigos que meu coração deseja tocar, da mesma forma que desejo tocar o seu, que, há séculos, vem fugindo de mim...

E, por fim, diga que o livro chegou ao fim, mas que a nossa história de amor e amizade começa exatamente agora, e para todo o sempre...

Referências Bíblicas citadas neste livro

Bíblia Sagrada, Nova Tradução na Linguagem de Hoje. Paulinas.
A Bíblia Sagrada, tradução de João Ferreira de Almeida. Sociedade Bíblica do Brasil.
Bíblia de Jerusalém. Paulus.
Bíblia Sagrada, tradução da Conferência Nacional dos Bispos do Brasil. Editora Canção Nova.
Bíblia Sagrada, Nova Versão Internacional. Editora Vida.
A Bíblia na Linguagem de Hoje, O Novo Testamento. Sociedade Bíblica do Brasil.

O CVV é um serviço voltado a quem precisa conversar sobre qualquer assunto e, por isso, a comunicação é parte essencial desse serviço. O modo de se comunicar mudou muito desde 1962, ano em que o CVV foi fundado, e a instituição soube acompanhar essa mudança.

Se há 52 anos os principais meios de se utilizar os serviços do CVV era o telefone fixo, a conversa pessoal e o correio, atualmente a tecnologia faz com que a telefonia celular, o chat, o e-mail ou o Skype sejam mais populares do que os modelos tradicionais, estando próximo de quem precisa conversar e muitas vezes não pode contar com um amigo.

O CVV - Centro de Valorização da Vida, fundado em São Paulo em 1962, é uma associação civil sem fins lucrativos, filantrópica, reconhecida como de Utilidade Pública Federal em 1973. Presta serviço voluntário e gratuito de apoio emocional para todas as pessoas que querem e precisam conversar, sob total sigilo.

Os mais de um milhão de atendimentos anuais são realizados por 2.200 voluntários em 18 estados mais o Distrito Federal, pelo telefone 141 (24 horas), pessoalmente (nos 68 postos de atendimento) ou pelo site www.cvv.org.br via chat, VoIP (Skype) e e-mail. É associado ao Befrienders Worldwide www.befrienders.org, entidade que congrega as instituições congêneres de todo o mundo e foi reconhecido pelo Ministério da Saúde como a melhor iniciativa não governamental de prevenção ao suicídio no Brasil.

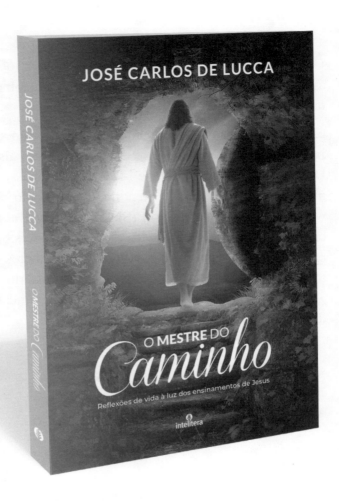

O Mestre do Caminho
José Carlos De Lucca

O leitor vai encontrar um Jesus vivo, sábio e amoroso, como ele o é, um Jesus que sai da História para entrar na vida de cada um, que não veio diretamente nos salvar, mas, sim, nos apresentar o caminho!

Aqui e Agora
José Carlos De Lucca

Com suas reflexões, o autor nos convida a pensar sobre a nossa dimensão espiritual e, de maneira prática, integrá-la à nossa vida, aqui e agora!

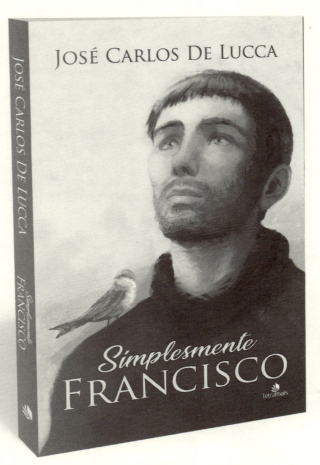

Simplesmente Francisco
José Carlos De Lucca

Extraindo reflexões sobre a vida repleta de desafios, conflitos e superações de São Francisco de Assis, De Lucca nos convida a buscar um sentido para a nossa vida também. Deixemos que Francisco, simplesmente, nos guie por esse caminho!

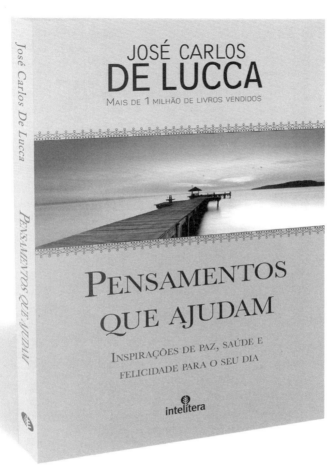

Pensamentos que ajudam
José Carlos De Lucca

Este livro nos ajuda a viver mais conectados com o que somos, a lidar com as nossas fragilidades e os nossos conflitos de forma mais produtiva e a fazer do planeta o reflexo do mundo de paz, harmonia, amor e compreensão que passaremos a construir dentro de nós!

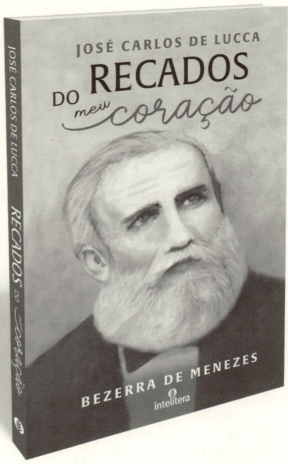

Recados do meu Coração

José Carlos De Lucca
pelo espírito *Bezerra de Menezes*

Bezerra de Menezes, com simplicidade e carinho, envia os recados de seu coração, envolvendo-nos na leitura em ondas de luz amor e sabedoria.

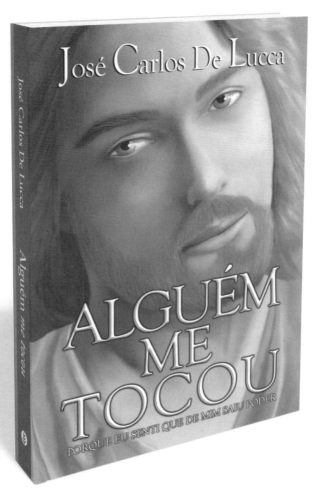

Alguém me tocou
José Carlos De Lucca

Este livro nos mostra que o Mestre espera mais de nós; que não fiquemos apenas aguardando ser "tocados" por Ele.

Para receber informações sobre nossos lançamentos, títulos e autores, bem como enviar seus comentários, utilize nossas mídias:

intelitera.com.br
(@) atendimento@intelitera.com.br
(▶) youtube.com/inteliteraeditora
(⌾) instagram.com/intelitera
(f) facebook.com/intelitera

jcdelucca.com.br
(▶) José Carlos De Lucca
(⌾) josecdelucca
(f) orador.delucca

Esta edição foi impressa pela Lis Gráfica e Editora no formato 135 x 205mm. Os papéis utilizados foram o papel Hylte Pocket Creamy 70g/m² para o miolo e o papel Cartão Ningbo Fold 250g/m² para a capa. O texto principal foi composto com a fonte Sabon LT Std 13/19 e os títulos com a fonte Optima 23/35.